大学中庸这样读

枫蓝 主编

中国民族文化出版社

北京

图书在版编目（CIP）数据

大学中庸这样读 / 枫蓝主编 . — 北京 : 中国民族
文化出版社有限公司 , 2023.2（2024.5 重印）
ISBN 978-7-5122-1671-6

Ⅰ . ①大… Ⅱ . ①枫… Ⅲ . ①《大学》—通俗读物
②《中庸》—通俗读物 Ⅳ . ① B222.1-49

中国国家版本馆 CIP 数据核字（2023）第 039870 号

大学中庸这样读
DAXUE ZHONGYONG ZHEYANG DU

主 编	枫 蓝
责任编辑	赵卫平
责任校对	李文学
装帧设计	博文斯创
出 版 者	中国民族文化出版社 地址：北京市东城区和平里北街 14 号 邮编：100013 联系电话：010-84250639 64211754（传真）
印 装	金世嘉元（唐山）印务有限公司
开 本	720 mm × 1020 mm 1/16
印 张	16
字 数	218 千
版 次	2023 年 7 月第 1 版
印 次	2024 年 5 月第 2 次印刷
标准书号	ISBN 978-7-5122-1671-6
定 价	39.80 元

前言

　　《大学》，原是《礼记》中的一篇，是我国古代重要的教育理论著作。旧说为曾子所作，实为秦汉时期儒家的作品。程子曰："《大学》，孔氏之遗书，而初学入德之门也。"《大学》的核心内容包括"三纲领"，即明明德、亲民、止于至善，以及"八条目"，即格物、致知、诚意、正心、修身、齐家、治国、平天下。

　　《中庸》原也是《礼记》中的一篇，一般认为它出自孔子的孙子子思之手。《中庸》的核心思想是儒学的中庸之道，它讲的是人性的修养。其中包括学习的方式：博学之，审问之，慎思之，明辨之，笃行之；也包括做人的规范，如君臣、父子、夫妇、兄弟以及朋友之间的相处交往规则和智、仁、勇三种重要的德行等。

　　《大学》《中庸》都出自《礼记》，宋代学者程颢、程颐两兄弟将这两篇提出来，与《论语》《孟子》并列，合为《四书》，用以教授弟子。朱熹继承这一做法，并倾四十余年心力为《四书》作注，使其成为重要的儒学经典，也成为教化百姓的重要典籍。

　　《大学》是关于如何做人的学问，以人为中心，旨在培养人的道德，塑造人的修养。它从现实的人、道德的人、理想的人三个层面，滋养人的心灵，净化人的思想，指导人的行为。《大学》始终以人为主体，提出"修身，齐家，治国，平天下"的修养历程和道德目标，从而实现理想人格。作为平民百姓，形成良好的德行可以规范自身言行，创造幸福生活，实现美满人生，形成国家安定、太平的理想社会，从而天下大同。

《中庸》则是平民的哲学，以"中庸之道"为核心。什么是"中庸之道"？就是"君惠臣忠""父慈子孝""夫义妇顺""兄友弟恭""朋友有信"，是一种和谐的境界。修炼到这种境界，要做到内心"至诚"，怀着一颗诚心，进行心性的修炼。在修炼方法上，强调锲而不舍的执着精神，达到"至诚"，也就向着中庸之道迈进了。

学习《大学》《中庸》这两部儒学经典，对于当代青少年来说大有裨益；通过领悟其中的哲理，能够帮助青少年读者建立理想的人格，提高素养，树立"为天地立心，为生民立命，为往圣继绝学，为万世开太平"的远大志向。希望青少年读者通过阅读本书，有新的收获和感悟，获得成长。

目录

大学

　　《大学》原是《礼记》中的一篇，是我国古代重要的教育理论著作。程子曰："《大学》，孔氏之遗书，而初学入德之门也。"《大学》的中心为"三纲领""八条目"，"三纲领"是明明德、亲民、止于至善；"八条目"是格物、致知、诚意、正心、修身、齐家、治国、平天下。

第一章

经 文

朱熹将"三纲领""八条目"合称为"经"。《大学》的方向是让整个社会注重弘扬光明正大的德行，使人们弃恶从善，人人的德行都达到完美的境界。所以，要格物穷理，正心诚意，修身齐家，最后达到治国平天下的目的。

"抑扬顿挫"读原文

大学之道①，在明明德②，在亲民③，在止于至善。知止而后有定④，定而后能静，静而后能安，安而后能虑，虑而后能得。物有本末⑤，事有终始，知所先后，则近道矣。

"字斟句酌"查注释

① 大学：即"大人之学"。古代八岁入小学，学习"洒扫应对进退、礼乐射御书数"等文化基础知识和礼节；十五岁入大学，学习"穷理正心，修己治人"的学问。

② 明明德：第一个"明"作动词，即'使彰明'；第二个"明"作形容词，光明正大的德行。

③ 亲民："亲"作"新"，即革新。新民，使人弃旧图新、去恶从善。

④ 知止：知道目标所在。

⑤ 本末：本是根，末是梢，即根本与枝末。这是古代重要的哲学概念。

"古文今解"看译文

大学的宗旨，在于弘扬光明正大的品德，在于使人弃旧图新，在于让人们达到更完善的境界。知道想要达到的境界才能有坚定的志向，有了坚定的志向才能静心，静心才能心安理得，心安理得才能思虑周详，思虑周详才能有所收获。所有事情都有根本和枝末，所有事情都有开始和终结，了解这些本末始终的道理，就接近事物发展的规律了。

"诸子注说"解经义

朱熹："程子曰：'亲，当作新。'大学者，大人之学也。明，明之也。明德者，人之所得乎天，而虚灵不昧，以具众理而应万事者也。但为气禀所拘，人欲所蔽，则有时而昏：然其本体之明，则有未尝息者。故学者当因其所发而遂明之，以复其初也。新者，革其旧之谓也，言既自明其明德，又当推以及人，使之亦有以去其旧染之污也。止者，必至于是而不迁之意。至善，则事理当然之极也。言明明德、新民，皆当至于至善之地而不迁。盖必其有以尽夫天理之极，而无一毫人欲之私也。此三者，大学之纲领也。"

郑玄："明明德，谓显明其至德也。"

王阳明："大人者，以天地万物为一体者也。其视天下犹一家，中国犹一人焉。若夫间形骸而分尔我者，小人矣。大人之能以天地万物为一体也，非意之也，其心之仁本若是其与天地万物而为一也。岂唯大人，虽小人之心，亦莫不然。……是其一体之仁也，虽小人之心，亦必有之，

003

是乃根于天命之性，而自然灵昭不昧者也。是故谓之明德。……故夫为大人之学者，亦唯去其私欲之蔽，以自明其明德，复其天地万物一体之本然而已耳。非能于本体之外，而有所增益之也。……明明德者，立其天地万物一体之体也；亲民者，达其天地万物一体之用也。故明明德必在于亲民，而亲民乃所以明其明德也。……至善者，明德亲民之极则也。天命之性，粹然至善，其灵昭不昧者，此其至善之发见，是乃明德之本体，而即所谓良知者也。"

孔颖达："在明明德者，言大学之道，在于章明己之光明之德。谓身有明德，而更章显之。"

朱熹："止者，所当止之地，即至善之所在也。知之，则志有定向。静，谓心不妄动。安，谓所处而安。虑，谓处事精详。得，谓得其所止。"

朱熹："明德为本，新民为末。知之为始，能得为终。本始所先，末终所后。"

"以史为鉴" 读案例

"梨无主，吾心独无主乎"

历史上有一段"梨无主，吾心独无主乎"的佳话，故事的主人公是许衡。许衡（1209—1281），怀州河内（今河南沁阳）人，金末元初理学家、教育家、政治家，字仲平，号鲁斋，世称"鲁斋先生"。历任国子祭酒、中书左丞、集贤殿大学士、领太使院等职；为官敢于直言，一生致力于教育，亲自编写《中庸直解》《大学要略》；有《鲁斋遗书》传世。去世后赠谥号"文正"，封魏国公。

许衡自幼聪慧好学，立志学以致用，一生博览群书，有高尚的道德情操。据史书记载，南宋末年，天下大乱，百姓四处逃难。金天兴二年（1233），蒙古大军逼近新郑（在今河南新郑）。许衡也流离转徙，路过河阳（今河南孟州）时，正值酷暑天气，一众长途跋涉者都感到口干舌燥。同行人发现路边有一棵梨树，树上有鲜嫩的果实，于是众人赶紧摘下梨子吃，缓解口渴。

大家坐在树下乘凉，吃着刚刚摘下来的梨子，好不舒服。唯独许衡坐在那里不为所动，忍受着口渴。其余人很奇怪：难道他不口渴吗？

于是有人问许衡："走了那么远的路，你怎么不吃口梨子来解渴？"

许衡回答："那棵梨树不是我的，怎么能随便去采摘呢？"

这位同行人说："社会动荡，兵荒马乱，大家都各自逃难，这棵梨树的主人恐怕也逃走了，你何必这样固执呢？"

许衡反问："梨树没有主人，我的心难道也没有主人吗？"

"抑扬顿挫" 读原文

古之欲明明德于天下者，先治其国；欲治其国者，先齐其家①；欲齐其家者，先修其身；欲修其身者，先正其心；欲正其心者，先诚其意；欲诚其意者，先致其知②；致知在格物③。物格而后知至，知至而后意诚，意诚而后心正，心正而后身修，身修而后家齐，家齐而后国治，国治而后天下平。

"字斟句酌" 查注释

① 齐其家：管理好自己的家庭。
② 致其知：使自己获得知识。
③ 格物：认识、研究万事万物的道理。

"古文今解" 看译文

古代那些想要向天下弘扬光明品德的人，先要治理好自己的国家；

想要治理好自己的国家,先要管理好自己的家庭;想要管理好自己的家庭,先要修养自身;想要修养自身,先要端正自己的心;想要端正自己的心,先要自己意念真诚;想要使自己意念真诚,先要使自己获得知识;获得知识的办法是揣摩事物的规律。揣摩事物的规律然后才能获得知识,获得知识然后才能意念真诚,意念真诚然后才能端正自己的心,端正自己的心后才能让自身修养提高,自身修养提高后才能管理好家庭,管理好家庭然后才能治理好国家,治理好国家后天下才能太平。

"诸子注说"解经义

朱熹:"明明德于天下者,使天下之人皆有以明其明德也。心者,身之所主也。诚,实也。意者,心之所发也。实其心之所发,欲其一于善而无自欺也。致,推极也。知,犹识也。推极吾之知识,欲其所知无不尽也。格,至也。物,犹事也。穷至事物之理,欲其极处无不到也。此八者,大学之条目也。"

朱熹:"物格者,物理之极处无不到也。知至者,吾心之所知无不尽也。知既尽,则意可得而实矣,意既实,则心可得而正矣。修身以上,明明德之事也。齐家以下,新民之事也。物格知至,则知所止矣。意诚以下,则皆得所止之序也。"

"以史为鉴"读案例

从正身开始

封轨(生卒年不详),字广度,北魏时渤海(今属河北)人。性情方直,为时论推重;沉稳好学,博通经传。

封轨是当朝的征虏将军,与光禄大夫武邑孙惠蔚互相敬重,结为好友。孙惠蔚经常赞叹："封先生对于经义，不只在章句解说上有独到的见解，在把握宏旨脉络、统括思想方面更是精到，我远不如他！"

封轨严谨自律，高风亮节，仪容整洁，仪表堂堂。有人说："士大夫大多数不修边幅，您这个贤达之士怎么与众不同？"封轨听罢笑言："修养高尚的人使自己的衣服帽子整洁端庄，目不斜视，行为庄重，这是应该的。为什么非要做出蓬头垢面的样子，才认为是贤德呢？"发问者听后非常惭愧。

太和年间（227—233），封轨官拜著作佐郎，很快又升任尚书仪曹郎中，兼员外散骑常侍。封轨曾奉命出使高句丽，高句丽王高云借着自己国家地理位置偏远，称病不愿亲自接受诏令。封轨正色诘责，"喻以大义"，使高云"北面受诏"。封轨还对辗转被高句丽掠走的六十余口边民，"移书征之"，迫使高云"悉资给遣还"。有司奏称封轨远使绝域，不辱朝命，使边境居民归来恢复生产，功宜加爵封赏。皇帝下诏封轨官升一级，转考功郎中，除本郡中正。渤海太守崔休调任吏部郎官，想拜托封轨在自己兄弟的政绩考核上照顾一下。封轨说："法者，天下之平，不可因旧交亲情而使之所有亏损。"崔休对其公正不阿、坚持原则的精神表示叹服。

"抑扬顿挫" 读原文

自天子以至于庶人①，壹是皆以修身为本②。其本乱而末治者，否矣。其所厚者薄③，而其所薄者厚④，未之有也。此谓知本，此谓知之至也。

"字斟句酌" 查注释

① 庶人：百姓。
② 壹是：都是。
③ 厚者薄：当重视的不重视。
④ 薄者厚：不该重视的反加以重视。

"古文今解" 看译文

上自天子下至百姓，人人都要以修养品性为根本。如果修身这个根本被扰乱了，却想要治理好家庭、家族、国家乃至天下，那是不可能的。不分轻重缓急，本末倒置，将应该重视的事情忽略了，应忽略的事情却重视起来，想要达到治国、平天下的目的，也是不可能的。这就叫知道了根本，这就是认知的最高境界。

"诸子注说" 解经义

朱熹："壹是，一切也。正心以上，皆所以修身也。齐家以下，则举此而措之耳。本，谓身也。所厚，谓家也。此两节结上文两节之意。"

程颢、程颐："《大学》，孔氏之遗书，而初学入德之门也。于今可见古人为学次第者，独赖此篇之存，而《论》《孟》次之。学者必由是而学焉，则庶乎其不差矣。"

"以史为鉴"读案例

德化自成

程颐（1033—1107），字正叔，北宋理学家、教育家，河南府（今河南洛阳）人。出身官宦世家，和其兄程颢一起求学于周敦颐，二人合称"二程"，为理学奠基人。世称"伊川先生"，著有《二程全书》。其理学后来由南宋朱熹等人继承发展为"程朱"学派。

程颐早年间上书宋仁宗，提出"勿徇众言，以王道为心，以生民为念，黜世俗之论，期非常之功"的"应时而作"的主张。他在太学进修时作的《颜子所好何学论》深受当时主持太学的胡瑗赏识。

后科举落第，此后再未参加。但是程颐的学识、品行早就蜚声海内，不少大臣举荐他，他都以"学之不足"推拒。

程颐年过半百才在司马光、吕公著的举荐下出任汝州团练并推官，并任国子监教授。元祐元年（1086），被委以崇政殿说书。程颐主张"涵养须用敬，进学在致知"的修养方法。在他看来，人的道德情操和思想境界的修养，主要依赖于"敬"，即排除杂念，集中精力于内心，保持心志专一，心存敬畏；同时，要研究世间万物的道理，不断充实自己，"格穷物理"。进而，他提出"格物致知"，认为格物是穷理，穷就万事万物的道理，最终达到豁然贯通的境界。实现穷理的方法有读书、论古今人物、恪守礼仪等。

程颐的哲学思想对宋明哲学的发展产生了巨大影响。后人评价："阐明正学，兴起斯文。本诸先哲，淑我后人。"

第二章

明明德

　　本章开始，被朱熹称为"传"。本章"释明明德"，对"经"中起首"大学之道，在明明德"引证发挥，说明弘扬人性中光明正大的品德，从夏、商、周时期就开始重视了，并有典籍为证。

"抑扬顿挫"读原文

　　《康诰》曰①："克明德。"《大甲》曰②："顾误天之明命③。"《帝典》曰④："克明峻德⑤。"皆自明也⑥。

"字斟句酌"查注释

①《康诰》：《尚书·周书》中的一篇。

②《大甲》：即《太甲》，《尚书·商书》中的一篇。

③顾：顾念。误（shì）：正，订正。明命：光明的德行。

④《帝典》：即《尧典》，《尚书·虞书》中的一篇。

⑤峻德：《帝典》中为"俊德"。"俊"与"峻"相通，大，崇高。

⑥ 皆：都。

"古文今解" 看译文

《尚书·周书》中的《康诰》篇中说："能够弘扬光明的品德。"《尚书·商书》中的《太甲》篇中说："要经常想到上天赋予的光明德行。"《尚书·虞书》中的《尧典》篇中说："能够弘扬崇高的品德。"这些说的都是要自觉地弘扬崇高的品德。

"诸子注说" 解经义

朱熹："顾，谓常目在之也。諟，犹此也，或曰审也。天之明命，即天之所以与我，而我之所以为德者也。常目在之，则无时不明矣。"

"以史为鉴" 读案例

王蕴开仓赈济百姓

王蕴（329—384），字叔仁，东晋太原晋阳（今山西太原西南）人。历任佐著作郎、尚书吏部郎、吴兴太守、光禄大夫等职。

王蕴为人宽厚，性情平和，选人唯才是举，不压制平民士族。王蕴在会稽王司马昱手下辅政，熟悉治内，受命推荐有才德之人。他推举的人都能够发挥特长，那些得不到选用的人，对他也毫无怨言。

王蕴任吴兴太守时，政绩卓著，得到百姓的拥戴。一次，他治内发生灾荒，百姓吃不上饭，生活艰难。王蕴立刻下令打开粮仓赈济灾民。主簿劝阻他："你这么做违反朝廷规定，上面怪罪下来是要承担责任的。"并请求王蕴按照规定程序先上报朝廷，得到批准后再执行。

王蕴说:"现在老百姓有难,所谓民以食为天,人都要吃饭的,现在已经有百姓饿死了,如果按部就班地上报申请,等到朝廷批准后再予以救济,这期间会有更多人死去。擅自越权的罪过我一人担着,而饥荒对百姓的威胁是实实在在的。我只想自己的作为符合仁义,帮助百姓度过灾难,即便我被撤职,心也是坦然的。"

于是,王蕴下令开仓济民,很多百姓活了下来。但朝廷知道此事后还是以违反条律为由,免去了王蕴的职务。这激起了民愤,很多人为他打抱不平。于是皇帝又下诏,命他改任晋阳太守。

以民生为重,不在乎自己的"乌纱帽",这样的官员不论何时都会得到百姓的爱戴,流传后世。为了个人升迁而不在乎民生利益的,只会被百姓唾弃。

第三章

亲 民

　　本章说"亲民"，就是要焕发君王和民众的道德精神。"亲民"的经典论述有"苟日新，日日新，又日新"。如果说"明明德"属于相对静态地要求弘扬人性中光明正大的品德，那么"苟日新，日日新，又日新"则是从动态角度来强调革新的问题了。

"抑扬顿挫" 读原文

　　汤之《盘铭》曰①："苟日新，日日新，又日新。"《康诰》曰："作新民。"《诗》曰②："周虽旧邦③，其命惟新④。"是故君子无所不用其极⑤。

"字斟句酌" 查注释

　　①汤：成汤，商朝的开国君主。《盘铭》：刻在器皿上用于警戒自己的言辞。盘，洗澡用具。

　　②《诗》曰：《诗经·大雅·文王》中说。

③ 周：周朝。旧邦：旧国。

④ 其命：此指周朝所禀受的天命。

⑤ 是故：所以。其极：这里指完美的道德境界。

"古文今解" 看译文

商汤的《盘铭》上说："假如今天能够洗净污垢更新自身，那么就要天天清洗更新，每日都不间断。"《尚书·康诰》中说："鼓励人们自新。"《诗经·大雅·文王》中说："周国虽然是古老的邦国，但是禀受了新的天命。"所以，有品德的人无时无刻不在追求完美的道德境界。

"诸子注说" 解经义

朱熹："汤以人之洗濯其心以去恶，如沐浴其身以去垢，故铭其盘。言诚能一日有以涤其旧染之污而自新，则当因其已新者，而日日新之，又日新之，不可略有间断也。"

朱熹："鼓之舞之之谓作，言振起其自新之民也。"

朱熹："诗，大雅文王之篇，言周国虽旧，至于文王，能新其德以及于民，而始受天命也。"

朱熹："自新新民，皆欲止于至善。"

"以史为鉴" 读案例

坚守使命的王尊

王尊（生卒年不详），字子赣，西汉末年涿郡高阳（今河北高阳县）人。

王尊幼年丧父，由几个叔叔抚养，以放羊为生。放牧期间，王尊暗自刻苦读书，汲取学问，竟然无师自通，精通历史。后来，他拜当地的文官为师，学习《尚书》《论语》，基本通晓了其中的道理。

汉元帝初元年间，王尊被举荐为直言，升虢县县令，调任槐里，兼任美阳县令政事。后来，经涿州太守徐明推荐，朝廷又任命王尊出任益州刺史。据说，之前朝廷任命的是琅琊人王阳，他来到区域内的邛崃九折坂，看见如此凶险的地势后感叹："奉先人遗体，奈何乘此险？"因而驱车返回，托病辞职。这次轮到王尊来到这个陡山坡了，他也知道之前的事情，问随行官吏："这就是当年王阳所畏惧的地方吧？"随从官吏说："正是这里。"王尊挥鞭驱驰，说："王阳是孝子，而我是忠臣。"

后王尊升任东郡太守，遇到黄河暴涨，水面直逼大堤，情况危急。附近百姓看到此景纷纷奔逃。王尊急忙前往查看，从远处就能听到河流咆哮似雷鸣，波涛汹涌。到了跟前，只见一片汪洋，水流湍急，波浪像山一样向河堤袭来，大堤为之震撼。平时河堤高出水面数丈，现在仅仅数尺。众人看到此景无不胆战心惊。

为了安定民心，王尊亲自率领官吏、百姓抢险护堤，完全不顾个人安危，甚至用自己的身体堵大堤，誓与河堤共存亡。到了晚上，王尊也不回去休息，在大堤上搭起帐篷露宿，始终不离开半步。此时河水越涨越高，距离堤面不过三尺，沿岸的泥土和石头被水冲散，众人各自奔逃，而王尊岿然不动。过了一段时间，洪水终于退散，官吏和百姓陆续回来，王尊又指挥大家修补河堤的受损之处。王尊始终坚守自己的使命。

第四章

止于至善

本章深入浅出地阐述"止于至善"的经义。从物各有当止之处，到人当有当止之处，再到圣人当有当止之处，都应该是至善。具体来说，关系是：君要仁，要有仁爱之心；臣要尊敬，尊重和严肃；父亲要有慈爱之心；儿子应该对父母孝顺；民众彼此之间要讲信用。

"抑扬顿挫" 读原文

《诗》云①："邦畿千里②，惟民所止③。"《诗》云④："缗蛮黄鸟⑤，止于丘隅⑥。"子曰："于止，知其所止，可以人而不如鸟乎？"《诗》云⑦："穆穆文王⑧，於缉熙敬止⑨。"为人君，止于仁；为人臣，止于敬；为人子，止于孝；为人父，止于慈；与国人交，止于信。

"字斟句酌" 查注释

①《诗》云：《诗经·商颂·玄鸟》中说。

②邦畿（jī）：都城及其周围的地方。

③止：居住。

④《诗》云：《诗经·小雅·缗蛮》中说。

⑤缗（mián）蛮：同"绵蛮"，鸟叫声。

⑥止：栖息。隅：角落。

⑦《诗》云：《诗经·大雅·文王》口说。

⑧穆穆：仪表美好端庄的样子。

⑨缉：继续。熙：光明。

"古文今解" 看译文

《诗经·商颂·玄鸟》中说："都城方圆千里，都是老百姓居住的地方。"《诗经·小雅·缗蛮》中说："缗缗蛮蛮地叫着的黄鸟，栖息在山丘多树的那个角落。"孔子说："关于栖息，连黄鸟都知道自己该休息停留的地方，难道人还不如黄鸟吗？"《诗经·大雅·文王》中说："仪态端庄美好的文王啊！为人光明磊落，使人无不仰慕。"所以，作为君主要实行仁政；作为臣子要尊敬君主；作为子女要孝顺父母；作为父亲要关爱子女；与人交往的过程中要保持诚信。

"诸子注说" 解经义

朱熹："事物各有所当止之处。"

朱熹："人当自知所当止之处。"

朱熹："圣人之止，无非至善。五者乃其目之大者也。"

"以史为鉴"读案例

"医圣"张仲景

张仲景，名机，字仲景，南阳涅阳县（今河南省邓州市穰东镇张寨村）人，东汉末年医学家，被后人尊称为"医圣"。他出生于没落的官宦家庭，从小便接触到很多典籍，博览群书，对医学尤为偏爱。他从史书上了解到扁鹊问诊齐桓公的故事，对扁鹊高超的医术非常钦佩，从此立志要成为名医。

东汉末年人心涣散，朝政不安，兵荒马乱。这时张仲景就有救民的愿望。他十岁时便拜同郡名医张伯祖为师，学习医术。他用心刻苦，进步很快，迅速成为一位有名气的医生，甚至超越了他的老师。

张仲景通过举孝廉入仕，担任长沙太守，期间用医术为百姓治病。此时正值瘟疫流行，很多贫苦百姓前来求医。刚开始，他在处理完公务后在后堂给百姓治病；后来，患者越来越多，他便把接诊地点搬到长沙大堂，公开坐诊，这开创了医生坐堂的先例，被传为千古佳话。

张仲景一直在长沙做官，告老还乡之时，正赶上冬天寒风刺骨，雪花纷飞。在河边，他看到很多流民面黄肌瘦，衣不遮体，耳朵因为冰冷

的天气而冻烂了。

回到家后，他研制出"祛寒娇耳汤"，能够抵御严寒。这一天是冬至，张仲景喊来徒弟，在空地上搭了棚子，支上大锅，为穷人舍药治病，给他们喝"祛寒娇耳汤"。

"祛寒娇耳汤"是把羊肉和一些祛寒药物放在锅中同煮，煮熟后切碎，用面皮包成耳朵的样子，再下锅用原汤煮好。面皮包好的样子很像耳朵，功效又是为了防止冻烂耳朵，所以张仲景管它叫"娇耳"。张仲景让每个穷人都喝上一碗汤，吃二枚"娇耳"，人们吃完了，耳朵不再寒冷。

张仲景去世时，正好是冬至。为了纪念他，大家都要在冬至当日包饺子，并且说，冬至吃饺子，耳朵才不会被冻掉。

张仲景的医学理论对后世影响很大。其著作《伤寒杂病论》系统地概括了"辨证施治"的理论，为我国中医病因学说和方剂学说的发展做出了重大贡献。

"抑扬顿挫"读原文

《诗》云①："瞻彼淇澳②，菉竹猗猗③。有斐君子④，如切如磋，如琢如磨。瑟兮僴兮⑤，赫兮喧兮⑥。有斐君子，终不可谖兮⑦。"如切如磋者，道学也；如琢如磨者，自修也；瑟兮僴兮者，恂栗也⑧；赫兮喧兮者，威仪也；有斐君子终不可谖兮者，道盛德至善，民之不能忘也。

"字斟句酌"查注释

①《诗》云：《诗经·卫风·淇澳》中说。
②淇：淇水，在今河南北部。澳〔yù〕：水边。
③菉：《诗经·正风·淇澳》作"绿"。猗猗（yī）：茂盛的样子。
④斐：文质彬彬的样子。

⑤瑟兮侗（xiàn）兮：庄严、威严的样子。

⑥赫兮喧兮：光明显赫的样子。

⑦谖（xuān）：通"谖"，忘记。

⑧恂栗（xún lì）：戒惧的样子。

"古文今解"看译文

《诗经·卫风·淇奥》中说："看那淇水的水滨，绿竹婀娜郁郁葱葱。有位文质彬彬的君子，像切磋骨角、琢磨美玉那样治学修身。庄严啊，威严啊！光明显赫啊，坦荡啊！文质彬彬的君子啊，让人始终难以忘怀！""如切如磋"，喻指君子勤于学问；"如琢如磨"，喻指君子修养自身的心性；"瑟兮侗兮"，是说君子态度谦虚谨慎；"赫兮喧兮"，是说君子仪态端庄威严；"有斐君子终不可谖兮"，是说君子道德完善品格高洁，人民敬仰爱戴他，始终不能忘记他。

"诸子注说"解经义

朱熹："切，以刀锯；琢，以椎凿。皆裁物使成形质也。磋以鑢锡（lù tāng），磨以砂石，皆治物使其滑泽也。治骨角者，既切而复磋之。治玉石者，既琢而复磨之。皆言其治之有绪，有益致其精也。"

朱熹："引《诗》而释之，以明'明明德者'之止于至善。道学自修，言其所以得之之由。"

"以史为鉴"读案例

以教化改变人命运的李欣

李欣（？—477），字元盛，小名真奴，幽州范阳（今河北固安县）

人，北魏时期大臣。他聪明机智，深受太武帝的信任与器重；初为助教博士，后升为仪曹尚书，出任相州刺史，兴化重教，颇有建树。

439年，北魏灭北凉，统一北方，在注重中央官学教育的同时，也十分注重恢复和发展地方普及教育，以此作为汉化政策实施的重要组成部分。

据史书记载，时任相州刺史的李欣上书献文帝，请求在当地设立学校。他上书说：想要使国家发达兴旺，要多培养优秀的人才，广泛教化民众。如今百姓渴望接受良好的教育，然而我所在的地方还没有学校。希望能在州郡建立学校，能让读书人和官员子弟得到学习的机会，使当地的后生接受教育，明白做人的道理。

李欣的奏疏，阐明了设置地方学校的意义。献文帝同意了这一建议，于天安元年（466）召集大臣参议制定郡国学校教育制度。这不仅加强了地方教育与中央教育的联系，还加速了北魏的汉化，推动了北魏社会的文明进程。

"抑扬顿挫" 读原文

《诗》云①："於戏②！前王不忘③。"君子贤其贤而亲其亲，小人乐其乐而利其利，此以没世不忘也④。

"字斟句酌" 查注释

①《诗》云：《诗经·周颂·烈文》中说。
②於戏：通"呜呼"，叹词。
③前王：此处指周文王、周武王。
④此以：因此。没世：去世。

"古文今解" 看译文

《诗经·周颂·烈文》中说："啊！前代的君王不会被人忘记。"后世君子尊重前代君王的贤能和品德，热爱前代的亲族；百姓们享受前代君王的恩泽，享有前代君王所带来的利益。因此人们永远不会忘记前代君王。

"诸子注说" 解经义

朱熹："前王所以新民者，止于至善，能使天下后世无一物不得其所，所以既没世而人思慕之，愈久而不忘也。"

"以史为鉴" 读案例

仁义的宋仁宗

宋仁宗赵祯（1010—1063），宋朝第四位皇帝，宋真宗赵恒第六子，初名赵受益。庆历三年（1043），赵祯任用参知政事范仲淹等开展"庆历新政"。

赵祯性情宽厚，不事奢华，还能够约束自己，对待臣僚、侍从宽厚。谏臣包拯屡屡犯颜直谏，甚至唾沫都飞溅到他的脸上。但赵祯竟一面用衣袖擦脸，一面还接受他的建议，不加怪罪。有一次，大臣包拯反对任命仁宗宠妃张氏（即温成皇后）的伯父张尧佐为三司使，赵祯便改命张尧佐为节度使，包拯愈加激烈地反对，带领七名言官与赵祯理论。赵祯大怒道："你们是想说张尧佐的事吗？节度使是个粗官，为什么还要争？"言官唐介越次上前，不客气地回答道："节度使，太祖、太宗都曾经做过，恐怕不是粗官。"赵祯悚然，最终采纳了言官的建议。

　　民间还流传着很多宋仁宗的美谈。据说，有一天他起床后对侍卫说："朕昨天晚上失眠，肚子太饿，很想吃烧羊肉。"侍卫就问："陛下怎么不下旨让御膳房给您做呢？"宋仁宗说："我担心这次开了先例，以后就会成为惯例。御膳房就会经常折腾，每晚准备好烧羊肉，下面的人必然会在大晚上的扰民安息。"宋仁宗话音刚落，左右人等皆呼"皇上圣明"。

第五章

本 末

　　本章引用孔子谈论诉讼的话来阐释"物有本末，事有终始"的道理，强调凡事都要抓住根本。作为圣人君子，教化民众是核心，是本；治理国家是效果，是末。从此出发，我们也就能够理解《大学》以修身为本，齐家、治国、平天下是末的道理。

"抑扬顿挫" 读原文

　　子曰①："听讼②，吾犹人也③。必也使无讼乎！"无情者不得尽其辞④。大畏民志，此谓知本。

"字斟句酌" 查注释

　　① 子曰：出自《论语·颜渊》。子，指孔子。

　　② 听讼：听诉讼，即审案。

　　③ 犹人：和他人一样。

　　④ 不得尽其辞：不能够巧言辩说。

"古文今解"看译文

孔子说："听诉讼审理案子，我也和他人一样，目的在于使人们不再发生争讼。"圣人能让不够诚信的人收起他那狡辩的言辞，使人们心中服气，这便称得上知道根本。

"诸子注说"解经义

朱熹："圣人能使无实之人不敢尽其虚诞之辞。盖我之明德既明，自然有以畏服民之心态，故讼不待听而自无也。观于此言，可以知本末之先后矣。"

"以史为鉴"读案例

公正不阿的张释之

张释之（生卒年不详），字季，堵阳（今河南方城县）人，西汉法学家、法官。汉文帝时累迁公车令、中郎将，后任廷尉，以公正执法著称。他认为："法者，天子所与，天下公共。"天下人都称赞：张释之当廷尉，全天下没有人被冤枉。

汉文帝时，太子和梁王乘车入朝，根据礼仪规定，王公大臣到了宫外必须下车，但太子和梁王直接驱车而过，没有下车。张释之看见了，立刻阻拦了他们，不允许他们进入，并弹劾"不下公门，有不敬之罪"。汉文帝听到此事，碍于亲情，没有理睬。但是汉文帝之母薄太后非常生气，对汉文帝娇惯儿子的行为感到不满。汉文帝这才意识到自己做错了，向母亲道歉。薄太后也派使臣带着诏书前来赦免太子、梁王的罪过，太子和梁王这才被允许放行，进入宫中。通过这件事，汉文帝觉得张释之有胆识，又坚持原则，便任命他为中大夫，后又拜为中郎将。

一次，汉文帝外出，经过渭桥的时候，有个人突然从桥下跑了出来，惊吓到御驾的马。卫队将此人抓获，汉文帝命廷尉张释之审问。此人说："我是个乡下人，路过此处，听说皇上的车正要过来，于是赶紧躲避。等了一段时间，以为皇上已经过去了，就出来了，结果正好看到皇上的车正在过来，于是赶紧躲起来了，真没想到惊吓到了皇上的马。"于是，张释之做出判决：皇上经过，此人没有回避，冲撞车驾，处以罚金；然后，释放回家。汉文帝听到处理结果后十分生气："这个人惊扰了朕，必须重罚！"张释之说："法律不是皇上私有的，而是全天下人共有的东西，按照法律就该这样量刑。如果处理得过重，那么天下人就不再相信朝廷的法律。如果当时您直接杀了他，那也就算了。现在既然交给我来处理，那么我作为廷尉，是'天下之平'，对天下用的是同一个法律标准。如果可以随意调整轻重，那么百姓将根据什么行事呢？还请皇上三思。"汉文帝思考良久，说："廷尉是对的，就该这样处理。"

第六章

格物致知

　　本章阐释"格物致知"。《大学》经文中明确指出"致知在格物"，格物是认知世界、获取知识的方法途径。掌握大人之学，学习治国平天下，尚且需要通过格物完成；学习修身齐家，学习各种技术，何尝不是如此？经过思考，探索和努力，达到贯通而开朗的境界，是十分令人欣喜的。

"抑扬顿挫"读原文

　　此谓知本，此谓知之至也。①

　　所谓致知在格物者，言欲致吾之知，在即物而穷其理也。盖人心之灵莫不有知，而天下之物莫不有理，惟于理有未穷，故其知有不尽也。是以《大学》始教，必使学者即凡天下之物，莫不因其已知之理而益穷之，以求至乎其极。至于用力之久，而一旦豁然贯通焉，则众物之表里精粗无不到，而吾心之全体大用无不明矣。此谓物格。②此谓知之至也。

"字斟句酌" 查注释

①"此谓知本"二句：与前后文不相连，或是古籍有错失。

②"所谓致知在格物者"至"此谓物格"是朱熹根据上下文势补充的文字，一般称"朱熹格物补传"，原文已佚失。

"古文今解" 看译文

所谓"致知在格物"，是指要想获得知识，就必须接触事物并穷尽它的本质和规律。大概人心都是灵动的，都有认知能力，而天下事物都有自己的本质和规律，只不过这些本质和规律还没有被彻底认知，所以使人的知识很有限。因此，《大学》一开始就教人接触天下万物，用自己现有的知识去进一步探究，以求达到认识的极限。通过不断用功，总会有一天豁然贯通，到那时候，万物的里外精粗都被认识得清清楚楚，而自己内心的一切道理都得到呈现，不再闭塞。这就叫作格物。这就叫作知之至。

"以史为鉴" 读案例

神农氏尝百草

神农氏即传说中的中国上古部落首领——炎帝。关于神农氏最著名的传说就是他亲尝百草。上古时期，黎民百姓都住在山洞里，靠打猎为生，没有猎物就只能挨饿，而且很容易生病，病了也没人懂医治，能否康复只能听天由命，因此，人们寿命很短。

如果打的猎物不够吃的话，人们也经常采一些草木果实来吃，可那时候人们的认知有限，哪些果实可以食用，哪些果实无法食用，哪些草药可以治病，哪些草药吃了会中毒，谁也无法分清。

　　神农氏随即带着百姓向西北大山进发。他们走了好久，终于到了目的地。此地高山连绵起伏，山峰峡谷围绕周围，没有尽头。山上长满奇花异草，人们离很远就闻到了香气。神农氏率百姓继续往前走，忽然从峡谷中窜出来一群狼虫虎豹，把他们围绕在中间。神农氏马上让百姓们挥舞神鞭，向野兽打去。打走了一批，又来了一批，打了七天七夜，才把野兽都赶跑。那些虎豹蟒蛇身上被神鞭抽出的伤痕一条条一块块，后来就变成了皮毛上的斑纹。

　　这时，大家都惊魂未定，又感到十分劳累，就有人劝阻神农氏，说这里太危险了，我们回去吧！神农氏则坚定地摇了摇头说："不能回去！大家饿了没东西吃，病了没有药物医，我们怎么能回去呢！"说完他就带头走进眼前的一条峡谷，来到一座大山脚下。

　　这座大山有一半在云里，四面都是刀削一样的悬崖，悬崖上挂着长

长的瀑布，长着厚厚的青苔，看起来高不可攀。百姓再次劝他回去，神农氏依然摇摇头，并重复了之前说的话。神农氏爬到一个小山峰上，望着眼前的高山，四顾观察，思考办法——后来，人们把他站过的这座小山峰叫作"望农亭"——然后，他看见几只金丝猴顺着高悬的古藤和横倒在山腰间的朽木爬了过来。神农氏有了办法。他喊大家过来砍木杆、割藤条，靠着山崖搭成架子，一天搭上一层，从春天搭到夏天，从秋天搭到冬天，不论什么天气都不停止。就这样搭了整整一年后，搭起了三百六十层，才到达山顶。传说，后来人们盖楼房用的脚手架，就是学习神农氏的这个办法。

神农氏带领百姓攀登着木架，终于到达山顶。这里真的是花草世界，各种颜色的花草，缤纷绚烂，无穷无尽。神农氏亲尝百草，尝尽了各种滋味，并把这些草药的味道和用途都记录了下来。

有一次，神农氏刚把草药往嘴里一尝，顿时觉得天旋地转，一头栽倒在地上。他明白自己中毒了，可是已经说不出话了，只能勉强用最后一丝力气，指着前面一棵红亮亮的灵芝草，又指了指自己的嘴巴。人们慌忙把红灵芝采下来给他吃，神农吃了灵芝草后，解了毒，头不昏了，恢复了意识。

神农尝了一山的花草，又到另一座山去尝。就这样，他们踏遍了万水千山。神农尝出小麦、水稻、谷子、高粱可以充饥，就把种子收集起来带回去，让百姓种植，这就是后来的五谷。他尝出了三百六十五种草药，写成《神农本草经》，为天下百姓治病。

百姓们开始定居，耕种农作物，有了稳定的粮食收成，不再依靠狩猎获取食物，生活逐渐稳定富足起来。因为能用不同的草药治疗不同的疾病了，百姓们的病痛减少了，寿命也提高了。

第七章

诚 意

　　本章解释"诚意"。诚意是我们修身学习过程中应该具备的态度。诚意是发自内心的，诚意体现在真诚上，真诚与否的判断在于人自己独处时的表现。君子一人独处时，与在人前一样真诚坦荡。因为，他们的德行发自内心。小人在人前人后判若两人，在他人之后，便有奸邪之心，到他人面前，又装作善良。

"抑扬顿挫"读原文

　　所谓诚其意者①，毋自欺也。如恶恶臭②，如好好色③，此之谓自谦④。故君子必慎其独也⑤。小人闲居为不善，无所不至，见君子而后厌然⑥，掩其不善，而著其善。人之视己，如见其肺肝然，则何益矣。此谓诚于中，形于外，故君子必慎其独也。曾子曰⑦："十目所视，十手所指，其严乎！"富润屋⑧，德润身⑨，心广体胖⑩，故君子必诚其意。

"字斟句酌"查注释

① 诚其意者：使意念真诚。

② 恶恶臭（wù è xiù）：厌恶腐臭的气味。

③ 好好（hào hǎo）色：喜爱美好的事物。

④ 谦：通"慊（qiè）"，满足。

⑤ 慎其独：一个人独处时也谨慎自律。

⑥ 厌然：躲藏、躲闪的样子。

⑦ 曾子：孔子弟子，名参，字子舆。

⑧ 润屋：修饰房屋。

⑨ 润身：修养自身。

⑩ 心广体胖（pán）：心胸宽广，身体安适舒坦。

"古文今解"看译文

所谓使自己的意念真诚，是说不要自己欺骗自己。应该如讨厌腐臭的味道、喜欢美好的事物那样诚实不欺，才称得上是自我满足。所以，品德高尚的人即使在一个人独处的时候也谨慎自律。小人平日闲居时做的都不是好事，无恶不作，等见到品德高尚的人，就躲躲闪闪地掩藏自己所做的坏事，而假装彰显自己的"善良"，殊不知别人看自己，就好像能看见自己的心肺肝脏一样清楚，那种掩盖又有什么益处呢！这就是内心中最真实的东西，总会通过外在表现出来，所以品德高尚的人即使在一个人独处的时候也一定会谨慎自律。曾子说："一个人被众人注视，被众人指责，这是多么令人畏惧的事啊！"财富能用来修饰房屋，道德能用来修养人的身心，心胸宽广，身体就安适舒坦。所以品德高尚的人一定要使自己意念真诚。

"诸子注说"解经义

朱熹："欲自修者知为善以去其恶，则当实用其力，而禁止其自欺。使其恶恶则如恶恶臭，好善则如好好色。皆务决去，而求必得之，以自快足于己，不可徒苟且以殉外而为人也。然其实与不实，盖有他人所不及知而己独知之者，故必谨之于此以审其几焉。"

朱熹："小人阴为不善，而阳欲掩之，则是非不知善之当为，与恶之当去也，但不能实用其力至此耳。然欲掩其恶而卒不可掩，欲诈为善而卒不可诈，则亦何益之有哉？此君子所以重以为戒，而必谨其独也。"

"以史为鉴"读案例

善善及后，恶恶止身

刘恺（？—约124），字伯豫，沛国丰（今江苏丰县）人。东汉宗室大臣，西汉开国皇帝汉高祖刘邦的后裔。作为宗室，他受到朝廷的封爵，应当世袭爵位，但是他把机会让给了弟弟刘宪，离开家逃避封爵。执政官奏请收回刘恺的封国，汉章帝嘉奖刘恺的义行，特意优待，等着刘恺回来，但刘恺一直不回。过了十余年，到了永元十年（98），有人又请求收回刘恺的封国。侍中贾逵给皇帝上奏书，说："孔子说过，能用礼让的道理来治国，对处理国事就没有什么困难了，我了解到居巢侯刘般的承嗣儿子刘恺，平素对兄弟友爱，为人谦逊清白，把封国让与弟弟刘宪，自己藏身隐居很久了。有关部门不推究刘恺乐于为善的本意，而依照平常的法则处理此事，这恐怕不能鼓励礼让的风气，也不能成全宽容仁厚的教化。前有扶阳侯韦玄成，近有陵阳侯丁鸿，都因高洁品行没有接受封爵，他们并未被削爵夺地，都升官登宰相之位。现在刘恺仰慕前贤，有伯夷的节操，应当让他蒙受矜怜宽宥，保全他祖先的功业，以彰显朝廷崇尚仁德的善举。"汉和帝采纳了他的建议，下诏说："过世的居巢侯刘般，他的继嗣儿子刘恺，（按礼法）应当世袭父亲刘般的封爵，而刘恺声称遵从父亲的遗愿，把封国爵位让与弟弟刘宪，自己隐居七年，操守很是高尚。大凡王法在于推崇善举，助人完成美事。现准许刘宪袭爵。这是对特殊情况的权宜处理，以后不得以此为例。"之后征召刘恺，拜为郎官。不久后，刘恺升迁为侍中；汉安帝时，刘恺官至太尉。

第八章

正心修身

本章阐释"正心"。正心是诚意后的修身阶段，是大学开始的第一步。在做到"诚其意"之后，还要做到"正其心"，以端正的心理和理性的态度来驾驭感情，控制情绪，调整心态，方能进行良好的学习。

"抑扬顿挫" 读原文

所谓修身在正其心者，身有所忿懥①，则不得其正；有所恐惧，则不得其正；有所好乐，则不得其正；有所忧患，则不得其正。心不在焉，视而不见，听而不闻，食而不知其味。此谓修身在正其心。

"字斟句酌" 查注释

① 忿懥（zhì）：愤怒。

"古文今解" 看译文

修身在于自己的心端正，指的就是，自身有所愤怒不满的事，心就不能端正；有所害怕的事，心就不能端正；有所偏袒爱好的事，心就不能端正；有所忧虑的事，心就不能端正。被这样那样的负面情绪困扰，导致神不守舍，心不在焉，看见的东西就好像没看见一样，听见的东西就好像没听见一样，吃东西却不知道所吃的东西的味道。所以，修身在于端正自己的心。

"诸子注说" 解经义

程子："'身有'之'身'当作'心'。"

朱熹："（忿懥、恐惧、好乐、忧患）盖是四者，皆心之用，而人所不能无者。然一有之而不能察，则欲动情胜，而其用之所行，或不能不失其正矣。"

朱熹："心有不存，则无以检其身。是以君子必察乎此而敬以直之，然后此心常存而身无不修也。"

朱熹："意诚则真无恶而实有善矣，所以能存是心以检其身。然或但知诚意，而不能密察此心之存否，则又无以直内而修身也。"

"以史为鉴" 读案例

韩愈起名趣事

韩愈（768—824），字退之，河南河阳（今河南孟州）人，自称"郡望昌黎"，世称"韩昌黎""昌黎先生"。唐代文学家、思想家、哲学家、政治家，大力提倡儒学，倡导古文运动，被苏轼称为"文起八代之衰"，被尊为"唐宋八大家"之首。谥号为"文"。因此，他又被称为"韩文公"，著有《昌黎先生集》。

韩愈的童年命途多舛，他三岁丧父，由兄嫂抚养成人。七岁读书，十三岁便能作文。他知道自己只能通过艰苦奋斗，才能摆脱困境。因此，他刻苦攻读儒家著作，矢志不渝。

关于韩愈的名字，有个传说：说韩愈在兄嫂的抚养下渐渐长大，这一年送他去入私塾学习。这时，嫂嫂郑氏想给小叔子起个高雅新奇的名字。郑氏翻看书籍，一直找不到合意的名字。韩愈站在一旁，说："嫂嫂，你要给我起个什么样的名字呢？"郑氏说："你大哥名'会'，你二哥名'介'，都是'人'字头，'会'乃聚集，'介'乃耿直，象征他们的品行和成就出类拔萃。那么，你的学名，肯定也要是个'人'字头的字，且不同凡响。"韩愈立刻说道："嫂嫂，那么就选'愈'字，我就叫韩愈。"郑氏问："'愈'字如何解说？"韩愈回答："愈，超越也。我将来一定要做出一番大事业，前超古人，不甘当平庸之辈！"郑氏高兴地拍手说："好！好！就用'愈'字！"

韩愈年少时即胸怀远大志向，十九岁时，就颇有名气。他赴京赶考，结果在京中连住几年，连续四次参加考试，最后才考中了第十三名进士。之后，又经过三次殿试，却没有得到一官半职，郁郁不得志。一天，他独自游历，遇到一位先生，交谈后对方送给他几句话："人求言实，火求心虚，欲成大器，必先退之。"于是，他选用赠言中的最后两个字"退之"作为自己的字。从此，他更加虚心勤奋，结交儒士，砥砺学识，最终独树一帜，名扬天下。

第九章

修身齐家

本章解释"修身"和"齐家"。"修身"是儒学进修过程中"内修"和"外治"的过渡环节，尤为关键。家是社会的个体单元，每个家庭安稳和睦，那么社会就会和谐太平。个人都是各自家庭的组成部分，每个家庭成员都做到品德高尚、行为端正，那么整个家庭和家族也就自然和睦。

"抑扬顿挫"读原文

所谓齐其家在修其身者，人之其所亲爱而辟焉①，之其所贱恶而辟焉②，之其所畏敬而辟焉，之其所哀矜而辟焉③，之其所敖惰而辟焉④。故好而知其恶⑤，恶而知其美者，天下鲜矣⑥！故谚有之曰："人莫知其子之恶，莫知其苗之硕⑦。"此谓身不修不可以齐其家。

"字斟句酌"查注释

① 辟：偏颇，偏向。

②恶（wù）：厌恶。

③哀矜：同情，怜悯。

④敖：通"傲"，骄傲。惰：怠慢。

⑤好（hào）：喜好。

⑥鲜（xiǎn）：少。

⑦硕：大。

"古文今解"看译文

所谓管理自己的家，在于修养自己的身心。意思是没有注意修身的人，对待自己亲近喜爱的人，会过度地偏爱；对待自己看不起或厌恶的人，会过度地厌恶疏远；对待自己所畏惧敬服的人，会过度地畏惧敬服；对待自己怜悯疼惜的人，会过度地怜悯体恤；对待自己所傲视怠慢的人，会过度傲视怠慢。所以，喜爱一个人的同时又知道他的不足，讨厌一个人的同时又知道他的长处，这样的人就天下少有了。所以谚语有这样的说法："由于偏爱，人们往往不知道自己孩子的缺点；由于贪婪，人们不满足自家的禾苗壮硕。"这就是我们说没有修养自身就不能管理好自己的家的道理。

"诸子注说"解经义

朱熹："五者，在人本有当然之则。然常人之情，惟其所向而不加审焉，则必陷于一偏，而身不修矣。"

朱熹："溺爱者不明，贪得者无厌。是则偏之为害，而家之所以不齐也。"

"以史为鉴"读案例

维护内心的正义

赵绰（生卒年不详），隋代河东郡（今山西永济）人，性格直率，刚毅果断。开皇初年任大理丞，因执法公正、谦逊谨慎，升任大理正。

赵绰坚持原则，执法公正，有时候难免与隋文帝意见不一，惹得皇上很不高兴。大理寺有个官员叫来旷，此人看赵绰过于较真，又为了迎合皇上，便给隋文帝上了一道奏章，认为大理衙门执法过于宽松。隋文帝看罢奏章认为来旷言之有理，就给他升了官。来旷这下子觉得自己得皇上恩宠，于是昧着良心诬告赵绰徇私舞弊，把不该放掉的人都给赦免了。隋文帝也不是昏君，他虽然觉得赵绰这人办事太固执，处处不合自己心意，但他认为赵绰不可能做这样的事情。因此，他对来旷所说的情况表示怀疑。随即，隋文帝派人去调查此事，结果根本就是无中生有的诬告。隋文帝勃然大怒，立刻下令处死来旷。

这时，赵绰却站出来进谏了："来旷确实有罪，但罪不至死。"

隋文帝很不高兴，心想："这是替你出气，也是为了警告那些心术不正的小人不要做这种谋害忠良的事情，怎么你赵绰还是这样拘泥于法律条文啊！"

隋文帝根本不想理赵绰，回宫去了。

赵绰在后面大声说："我有重要的事情必须向陛下禀报！"

隋文帝很不耐烦地说："什么事？说吧。"

赵绰："臣犯了三大罪责，请求陛下责罚！"

隋文帝不解地问："你有哪三大罪责？"

赵绰回答："第一，我作为大理寺的主要官员，没有约束好下属，致使来旷触犯了刑律；第二，来旷不该判死刑，我却不能据理力争；第三，我并没有什么别的要事禀报陛下，只是急于阐述自己的观点。因此，欺骗了陛下。陛下请您治我的罪。"

一旁的皇后非常欣赏赵绰的正直，就赐给赵绰两杯酒。进而隋文帝也同意赦免来旷死刑，改判革职流放。

第十章

齐家治国

　　本章解释"齐家"和"治国"。现代社会中，我们要做子女，做父母，做公民，乃至做官员，在家庭和社会中拥有各种身份，而家庭的和睦和国家的安康依然是理想目标。如果我们认真对待每一种身份，在家庭中致力于和睦欢乐，在社会中致力于做好分内工作，尤其是治国者，始终把国家利益和百姓的幸福放在首位，那社会就会达到理想和谐的状态。

"抑扬顿挫"读原文

　　所谓治国必先齐其家者，其家不可教而能教人者，无之。故君子不出家而成教于国。孝者，所以事君也；弟者①，所以事长也；慈者，所以使众也。《康诰》曰："如保赤子②。"心诚求之，虽不中不远矣③。未有学养子而后嫁者也。一家仁，一国兴仁；一家让，一国兴让；一人贪戾④，一国作乱。其机如此⑤。此谓一言偾事⑥，一人定国。尧、舜帅天下以仁⑦，而民从之；桀、纣帅天下以暴，而民从之。其所令反其所好，而民不从。是故君子有诸己而后求诸人，无诸己而后非诸人。所藏乎身不恕⑧，而能喻诸人者⑨，未之有也。故治国在齐其家。

"字斟句酌" 查注释

① 弟：通"悌（tì）"，指弟弟尊重兄长。

② 如保赤子：出自《尚书·周书·康诰》，原文为"若保赤子"。此为周成王告诫康叔的话，意思是保护平民百姓如同母亲养护婴儿。

③ 中（zhòng）：达到目标。

④ 贪戾：贪婪，暴戾。

⑤ 机：本指弩上的发动机关，引申为关键。

⑥ 偾（fèn）：败，坏。

⑦ 帅：同"率"。率领，统帅。

⑧ 恕：忠恕之道。

⑨ 喻：晓谕。

"古文今解" 看译文

所谓治理国家必须先管理好自己的家庭，连自己的家人都不能教育好又怎么能教导好其他人呢？所以，君子不出家门就能够教导好国民。用孝顺父母的感情，来侍奉国君；用敬重兄长的感情，来侍奉尊长；用慈爱子女的感情，来爱护百姓。《尚书·康诰》中说："爱护人民如同爱护刚刚出生的孩子。"真心诚意地去追求这种博爱，即使不能做得十全十美，那也差得不远了。没有哪个女子是先学习养育儿女，然后才去嫁人的。国君的家里相亲相爱，那么整个国家都会兴起仁爱的风气；国君的家里谦让相敬，那么整个国家都会兴起谦让的风气；国君一个人贪婪暴戾，那么整个国家的人都会受到影响，纷纷为非作歹。国君一人一家对整个国家的治理就有这样的示范作用。这就叫作一句话使国家大事失败，一个人也能让国家安定。尧、舜用仁爱治理天下，于是人民就跟从他们学仁爱；桀、纣用暴虐的方式治理天下，于是人民就跟从他们学残暴。国君所颁布的政令与国君的爱好相反，人民就不肯依从了。所以，国君自己先要拥有良好的品德，才能去要求别人；国君没有恶习，才能去约束别人。自己内心的想法里根本没有推己及人的忠恕之道，就不能有效地晓喻他人，所以，要治理好国家就要先管理好自己的家。

"诸子注说" 解经义

朱熹："孝、弟、慈，所以修身而教于家者也；然而国之所以事君、事长、使众之道，不外乎此。此所以家齐于上，而教成于下也。"

朱熹："明立教之本，不假强为，在识其端而推广之耳。"

朱熹："有善于己，然后可以责人之善；无恶于己，然后可以正人之恶。皆推己以及人，所谓恕也。不如是，则所令反其所好，而民不从矣。"

"以史为鉴" 读案例

务通人情

和洽（生卒年不详），字阳士，汝南郡西平县（今河南西平县）人。汉末三国时期曹魏大臣。东汉末年被举孝廉，先投奔荆州刘表，受优待；后跟随曹操，任丞相掾属、侍中等职。后曹操之子曹丕篡汉称帝，和洽出任光禄勋，封安成亭侯。后转任太常，封西陵乡侯。和洽为官清廉，以至卖田宅以自给。去世后谥为"简侯"。

曹操占领荆州后，征招和洽任丞相掾属。当时毛玠、崔琰以忠正清廉受到重用，他们选拔人才只看这个人是否节俭。和洽说："国家大政，在于权位与人才，不能只以选拔者个人某一方面的喜好来决定。注重简约朴素，作为自身的处事原则是好的，但如果只以这个方面来片面地作为衡量人才的标准，就会错过很多有用的人才。如今朝廷以官员衣服和车辆的新旧来评定是否清廉，致使官员们都故意身着脏破的衣服，把车马收起来，看起来很清廉，实际上是装出来的。设立教令，观察风俗，贵在适宜。古人推行教化，务必使人情通达。但凡过激的行为，都会误导大家，形成虚伪之风。"

大家都知道曹操是一位乱世英雄，他重法治，明赏罚，唯才是举，虚心听取他人意见；但他生性多疑，容易被谣言所迷惑。这一天，有人对曹操说："大臣毛玠诽谤您。"曹操得知后果然愤怒。和洽第一时间替毛玠辩解："毛玠素行有本，信守节操，还请主公明察。"

曹操说："我听说毛玠不但暗地里诽谤我，而且还为崔琰的死怨愤叹息（注：崔琰因得罪曹操而被赐死），实在为国法所不容，而且有损于君臣的恩义！先前萧何、曹参与汉高祖刘邦从贫贱时起事，建立了伟业。刘邦每次深陷困境，二人都全力支持，恪守为臣之道，所以他们的福泽能延至后代。我之所以不听你的意见，也是表明我重视臣下报告的情况。"

和洽据理力争，对曹操说："如果真的像有人说的那样，毛玠的确罪责深重，非天地所容，臣也不敢为了替他辩解而不顾君臣大义。我只是认为毛玠作为一般官员，因受到特殊提拔才身居要职。多年来他一直

受到宠信，为人刚直，被很多官员所敬畏，不应该有这样的行为。然而人心难测，应该明确查证是否属实。毛玠若真的有罪，就应该昭告天下。如果无罪，那就是有人在您面前诬陷他。"

和洽所言合情合理，不容辩驳。曹操听了，找了个"现在有军事行动"的借口，把此事搪塞过去了。

"抑扬顿挫"读原文

《诗》云①："桃之夭夭②，其叶蓁蓁③。之子于归④，宜其家人。"宜其家人而后可以教国人。《诗》云⑤："宜兄宜弟。"宜兄宜弟而后可以教国人。《诗》云⑥："其仪不忒⑦，正是四国。"其为父子兄弟足法，而后民法之也。此谓治国在齐其家。

"字斟句酌"查注释

①《诗》云：《诗经·周南·桃夭》中说。
②夭夭（yāo）：鲜嫩，美丽。
③蓁蓁（zhēn）：茂盛的样子。
④于归：指女子出嫁。
⑤《诗》云：《诗经·小雅·蓼萧》中说。
⑥《诗》云：《诗经·曹风·鸤鸠（shī jiū）》中说。
⑦仪：仪表。忒（tè）：差错。

"古文今解"看译文

《诗经·周南·桃夭》中说："桃花娇艳艳，桃叶绿蓁蓁。此女嫁来了，适宜一家人。"适宜了一家人，然后才可以教育一国人。《诗经·小雅·蓼萧》中说："兄弟和睦。"与兄弟友爱，然后才可以教育一国人。

《诗经·曹风·鸤鸠》中说："他的举止体态没有差错，能够教导匡正天下的各国。"他在做父亲、做儿子、做兄弟方面都值得学习，然后人民才会向他学习。这就是我们说治理国家要先管理自己家的道理。

"诸子注说"解经义

朱熹："此三引《诗》，皆以咏叹上文之事，而又结之如此。其味深长，最宜潜玩。"

"以史为鉴"读案例

司马光：用仁爱感化天地

司马光（1019—1086），字君实，号迂叟，陕州夏县涑水乡（今山西夏县）人，世称"涑水先生"。北宋政治家、史学家、文学家。进士出身，熙宁四年（1071）自请任西京（今河南洛阳）留守兼西京御史台，居洛阳十五年，专心编纂《资治通鉴》，于元丰七年（1084）书成。去世后追赠太师，封温国公，谥"文正"。司马光学识渊博，历史、音律、天文、书数，无所不通。

司马光为人正直，居处得法，为官清廉，举止有礼，忠信仁孝，这与他从小受到良好的家教是分不开的。司马光五六岁时，有一天拿了一颗青核桃，请他姐姐帮忙把核桃的皮剥掉。他姐姐忙了半天，费尽了力气，也无法把皮剥掉，就走开了。一会儿后，家里的侍女过来，用开水把青核桃皮烫了，皮变软，就很容易地剥好了。之后姐姐回来了，看见司马光吃着核桃，就问皮是谁剥的，而司马光却说："我自己会剥。"司马光的父亲恰好看见侍女给司马光剥青核桃皮了，于是就狠狠地斥责了司马光："小小年纪怎么能撒谎呢！"

从此，司马光把诚信记在了心里。多少年后，不论他当了多大的官，依然时刻告诫自己，把"诚"字作为律己待人的信条。司马光废寝忘食地读书，为了警诫自己不懈怠，他请人做了一个圆木枕头，称为"警枕"，熟睡中只要木枕滚动，他就会醒来，立刻起床，伏案读书。

司马光对父母非常孝顺，对哥哥弟弟极其友爱，侍奉君主忠心不二，对待朋友诚实守信。司马光的仁爱精神，值得后世学习。

第十一章

治国平天下

　　本章解释"治国平天下"，用较长的篇幅论述治国之道，重点强调德与财。德者，简单地讲，就是推己及人。如果每个人都做到推己及人，那么社会便不会发生奸邪之事，天下会太平而昌盛。财者，是与"德"相对应的末，应该是最不重要的东西。如果为了一时之利不择手段，那么终将失去人心。

"抑扬顿挫"读原文

　　所谓平天下在治其国者，上老老而民兴孝①；上长长而民兴弟②；上恤孤而民不倍③。是以君子有絜矩之道也④。所恶于上，毋以使下；所恶于下，毋以事上；所恶于前，毋以先后；所恶于后，毋以从前；所恶于右，毋以交于左；所恶于左，毋以交于右。此之谓絜矩之道。

"字斟句酌"查注释

　　① 老老：尊敬老人。

②长长：尊敬长辈。

③倍：通"背"，背弃。

④絜（xié）矩之道：言行要有规矩准绳，要有示范作用。推己及人，使上下四方均整齐方正。絜，量度。矩，画直角或方形用的尺子，引申为法度、规则。

"古文今解"看译文

我们说想要平定天下要先治理好国家，意思是说，君王孝顺老人，百姓就会兴起孝敬的风气；君王尊重年长的人，百姓就会兴起尊敬长辈的风气；君王怜悯体恤孤儿，百姓就会不背弃孤单弱小的人。所以君子有以身作则、推己及人之道。凡是在我上面的人对待我的态度为我所厌恶的，我就不用这种态度对待在我下面的人；凡是在我下面的人对我的态度为我所厌恶的，我就不用这种态度侍奉在我上面的人；凡是在我前面的人对待我的态度为我所厌恶的，我就不用这种态度对待在我后面的人；凡是在我后面的人对待我的态度为我所厌恶的，我就不用这种态度对待在我前面的人；在我左边的人对待我的态度为我所厌恶的，我就不用这种态度对待在我右边的人；在我右边的人对待我的态度为我所厌恶的，我就不用这种态度对待在我左边的人。这就是我们言行有规矩法度作示范。

"诸子注说"解经义

朱熹："上行下效，捷于影响，所谓家齐而国治也。亦可以见人心之所同，而不可使有一夫之不获矣。是以君子必当因其所同，推以度物，使彼我之间各得分愿，则上下四旁均齐方正，而天下平矣。"

朱熹："如不欲上之无礼于我，则必以此度下之心，而亦不敢以此无礼使之。不欲下之不忠于我，则必以此度上之心，而亦不敢以此不忠事之。至于前后左右，无不皆然，则身之所处，上下、四旁、长短、广狭，彼此如一，而无不方矣。彼同有是心而兴起焉者，又岂有一夫之不获哉？所操者约，而所及者广，此平天下之要道也。"

"以史为鉴"读案例

吕蒙正的絜矩之道

吕蒙正（944—1011），字圣功，河南洛阳人，北宋初年宰相。出身贫苦，幼年孜孜好学。太平兴国二年（977）考中状元后，授将作丞，出任升州通判。步步高升，三次登上相位，封为许国公，授太子太师。为人宽厚正直，对上遇礼而敢言，对下宽容有雅度。去世后谥"文穆"。

根据民间传说，吕蒙正年少时家旦特别贫穷，父母病故，孤苦无依，饥寒交迫，被迫成为乞丐，寄居在寺庙破洞里，悲惨至极。所以民间在谈论到谁贫穷的时候，常以"穷过吕蒙正"做比喻。也正是因为吕蒙正的悲惨出身，激励他奋发图强，最终科举中了状元，荣登宰相之位。

吕蒙正任吏部尚书时，皇上召集群臣，讨论战争征伐的军国大事。宋太宗说："我打算兴兵讨伐狄戎，安定边境，为民除暴。可能在有些人眼里这是

穷兵黩武。但是，我不去征服他们，那么天下百姓就不能有安定的生存环境，以至于天下百姓将会背离我而去。"吕蒙正说："隋唐两朝共征讨了辽国四次，前后花费数十年，百姓苦不堪言。结果，隋炀帝全军覆没；唐太宗亲自运送土木攻城，最终也失败了。而治理国家最重要的就是上下同心，把自己国家的内政搞好。如果国内政治清明，百姓爱戴，生活富足，那么远方的人自然会前来归顺，国家自然会安定，哪里用得着兴师远征呢？"

吕蒙正胸襟开阔，待人豁达。据司马光《涑水纪闻》记载，吕蒙正因政声清廉升任参知政事后，有一位官员对他很不服气，故意在朝堂帘内指着吕蒙正说："这小子哪配得上参知政事？"吕蒙正当作什么也没听见，径自走了。吕蒙正的同僚感到不平，下令追查这位官员，却被吕蒙正制止了。下朝之后，大家依然愤愤不平，坚持要追究下去。吕蒙正说："何必在意一句话的责难呢？如果真的知道了那个人的姓名，那么双方必然都很为难，终身心存芥蒂，互相猜忌，还不如不知道的好。何况，就这一句话，对我来说也没什么损失和影响。"人们知道后，都从心里佩服吕蒙正的度量。

宋太宗到执政后期特别喜欢听歌功颂德之词。一次盛宴之后，他对吕蒙正夸耀说："京城致此繁盛，乃知理乱在人啊！"吕蒙正当即正色说："我常见都城外不过数里，因饥饿寒冷而死的百姓有很多，京城的繁荣只是表面的，实际并不尽然。愿陛下视近而及远，那则是天下苍生的幸运啊！"宋太宗当即下令让相关官员救助穷人、赈济饥民，从而使很多处在饥困之中濒死的灾民得以保全性命。

"抑扬顿挫"读原文

《诗》云①："乐只君子②，民之父母。"民之所好好之，民之所恶恶之，此之谓民之父母。《诗》云③："节彼南山④，维石岩岩⑤。赫赫师尹⑥，民具尔瞻⑦。"有国者不可以不慎，辟则为天下僇矣⑧。《诗》云⑨："殷之未丧师⑩，克配上帝⑪。仪监于殷⑫，峻命不易⑬。"道得众则得国，失众则失国。是故君子先慎乎德。有德此有人，有人此有土，有土此有财，有财此有用。德者本也，财者末也。外本内末，争民施夺⑭。是故财聚则民散，财散则民聚。是故言悖而出者⑮，亦悖而入；货悖而入者，亦悖而出。

"字斟句酌" 查注释

①《诗》云：《诗经·小雅·南山有台》中说。
②乐：快乐，喜悦。
③《诗》云：《诗经·小雅·节南山》中说。
④节：高大。
⑤岩岩：险峻的样子。
⑥师尹：太师尹氏。太师是周代的三公之一。
⑦具：通"俱"，都。瞻：瞻仰，仰望。
⑧辟（pì）：偏私，邪僻。僇（lù）：通"戮"，杀戮。
⑨《诗》云：《诗经·大雅·文王》中说。
⑩丧师：失去民众。
⑪克配：能够配合。
⑫仪：宜。监：鉴戒。
⑬峻命：大命。不易：不容易保有。
⑭争民：与民争利。施夺：施行劫夺。
⑮悖：逆。

"古文今解" 看译文

《诗经·小雅·南山有台》中说："使人心悦诚服的君王，是人民的父母。"百姓喜爱的他就喜爱，百姓厌恶的他就厌恶，这样的君王才称得上是百姓的父母。《诗经·小雅·节南山》中说："那座高大的南山，山石巍峨险峻。声名显赫的尹太师啊，百姓们都仰望你。"掌握国家大权的人，不可以不谨慎，道德败坏行为失当就会被天下百姓诛戮。《诗经·大雅·文王》中说："殷商没失民心的时候，道德品性配得天下。应该借鉴殷商的兴亡教训，守住天命是不容易的。"这就是说，得到百姓的心就能够赢得国家，失掉百姓的心就要失去国家。因此君子首先要注重修养德行。有德行才会有百姓跟随，有百姓拥护才会保有土地，拥有土地才会有财富，有财富才会有开支的费用。道德是根本，财富是末节。如果忽视根本而重视末节，那么就会和老百姓争夺利益。所以，君王聚敛财富，民心就会失散；君王散发财富，民心就会聚集。所以，不合乎常理地说出话来，也就有人用不合乎常理的话来回复；不合乎常理地收敛聚集财富，也就肯定会不合乎常理地散出。

"诸子注说"解经义

朱熹："能絜矩而以民心为己心，则是爱民如子，而民爱之如父母矣。"

朱熹："在上者人所瞻仰，不可不谨。若不能絜矩而好恶殉于一己之偏，则身弑国亡，为天下之大戮矣。"

朱熹："其为天下君，而对乎上帝也。"又说："有天下者，能存此心而不失，则所以絜矩而与民同欲者，自不能已矣。"

朱熹："人君以德为外，以财为内，则是争斗其民，而施之以劫夺之教也。盖财者人之所同欲，不能絜矩而欲专之，则民亦起而争夺矣。"

朱熹："外本内末故财聚，争民施夺故民散，反是则有德而有人矣。"又说："此以言之出入，明货之出入也。自'先慎乎德'以下至此，又因财货以明能絜矩与不能者之得失也。"

"以史为鉴"读案例

诸葛亮用人

　　中国古代，不论是做官还是经商，无论是治理一个国家还是经营一番事业，都特别重视人才的选用。古人不但总结出一套基本的用人标准，如唯才是举、用人不疑等，还强调选拔人才的严格，要多方考查。而三国时期的诸葛亮，就是历史上少有的德才兼备的栋梁之材。

　　诸葛亮（181—234），字孔明，号卧龙，琅琊阳都（今山东临沂沂南县）人，三国时期蜀汉丞相，杰出的政治家、军事家、发明家、文学家。早年在隆中隐居，因刘备三顾茅庐而出山。诸葛亮向刘备提出占据荆州、益州，联合孙权共同对抗曹操的"隆中对"策，刘备根据诸葛亮的策略，成功建立蜀汉政权，与孙权、曹操形成三足鼎立之势。章武元年（221），刘备称帝，任命诸葛亮为丞相；伐吴失败后，刘备于永安举国托付于诸葛亮。刘禅继位后，封诸葛亮为武乡侯，领益州牧。诸葛亮前后五次北伐中原，未能实现兴复汉室的目标，终因积劳成疾，于建兴十二年（234）病逝

于五丈原。后主刘禅追谥为"忠武侯",后世常以"武侯"尊称。

诸葛亮第一次北伐时向刘禅上疏,即著名的《出师表》,其中写道:"亲贤臣,远小人,此先汉所以兴隆也;亲小人,远贤臣,此后汉所以倾颓也。先帝在时,每与臣论此事,未尝不叹息痛恨于桓、灵也。"汉桓帝、汉灵帝是东汉末年的皇帝,二人在位的时候都宠信宦官,杀戮贤臣,导致国家动荡,民不聊生。诸葛亮辅佐刘禅,在出征前总结了先汉和后汉兴亡的经验教训,谆谆教诲刘禅,不要"亲小人,远贤臣",要"亲贤臣,远小人",才能使蜀汉兴盛,才能光复汉室。

诸葛亮还在《十六策》中指出:"治国之道,务在举贤,……若夫国危不治,民不安居,此失贤之过也。夫失贤而不危,得贤而不安,未之有也。"可以看出,诸葛亮在治理蜀国时非常重视选拔德才兼备之人。

诸葛亮推荐董允为侍中,领虎贲中郎将,统领宿卫重兵,负责宫中之事。刘禅想要增加后宫嫔妃,董允认为古时天子后妃数不超过十二人,今已足数,不宜增加。刘禅非常宠溺宦官黄皓,黄皓是个奸佞小人,还想干预朝政;董允上则正色匡主,下则斥责黄皓,使黄皓不敢胡作非为。

诸葛亮还提拔了蒋琬、姜维这样的青年才俊。蒋琬入蜀,开始时作为于都县长。刘备过去视察,看见此君喝了酒之后熟睡不醒,不管政事,非常生气,想要问斩。诸葛亮为蒋琬求情:"蒋琬,社稷之器,非百里之才也。其为政以安民为本,不以修饰为先,愿主公重加察之。"刘备听了,就没有处罚蒋琬。后来,诸葛亮提拔蒋琬为丞相府长史,每次出征,蒋琬都会备足士兵和粮草。诸葛亮经常夸赞蒋琬"忠雅",可与他一起辅佐蜀汉大业。诸葛亮病逝前上表给刘禅:"臣若不幸,后事宜以付琬。"

诸葛亮去世后,蒋琬执政。其人大公无私,胸怀广阔,团结下属,同时能做到审时度势,令国治民安。

姜维是诸葛亮钦点的接班人,他继承了诸葛亮"复兴汉室"的意志，数次北伐，虽然没有成功，但也使得魏国不敢进犯。然而，几年后司马昭率大军伐蜀，后主刘禅昏庸，不听姜维"派兵扼守阴平"的建议，导致魏将邓艾偷渡成功，直奔成都。刘禅投降，并命令姜维也一起投降。姜维想假借投降的机会杀掉钟会，复兴蜀汉，最终失败被杀；虽其夙愿未能实现，但也堪称忠烈。

"抑扬顿挫"读原文

《康诰》曰："惟命不于常。"道善则得之，不善则失之矣。《楚书》曰①："楚国无以为宝，惟善以为宝。"舅犯曰②："亡人无以为宝，仁亲以为宝。"《秦誓》曰③："若有一个臣，断断兮无他技④，其心休休焉⑤，其如有容焉。人之有技，若己有之。人之彦圣⑥，其心好之，不啻若自其口出⑦，实能容之。以能保我子孙黎民，尚亦有利哉！人之有技，媢疾以恶之⑧；人之彦圣，而违之俾不通⑨，实不能容。以不能保我子孙黎民，亦曰殆哉！"唯仁人放流之，迸诸四夷⑩，不与同中国⑪。此谓唯仁人为能爱人，能恶人。见贤而不能举，举而不能先，命也⑫；见不善而不能退，退而不能远，过也。好人之所恶，恶人之所好，是谓拂人之性⑬，菑必逮夫身⑭。

"字斟句酌"查注释

①《楚书》：楚昭王时史书。楚昭王派王孙圉（yǔ）出使晋国。晋国赵简子问楚国有多少珍宝美玉。王孙圉回答：楚国从来没有把美玉当作珍宝，只是把有才德的人，如观射父这样的大臣视为珍宝。见《国语·楚语》。汉代刘向的《新序》也有类似记载。

② 舅犯：晋文公重耳的舅舅狐偃，字子犯。

③《秦誓》曰：《尚书·周书·秦誓》中说。

④ 断断：真诚的样子。

⑤ 休休：宽宏大量。

⑥ 彦圣：德才兼备。

⑦ 不啻（chì）：不只。

⑧ 媢（mào）疾：嫉妒。

⑨ 违：阻碍。俾（bǐ）：使。

⑩ 迸：即"屏"，驱逐。四夷：四方之夷。夷指古代东方的部落。

⑪ 中国：中原地区。

⑫ 命：东汉郑玄认为应该是"慢"字之误。慢，即怠慢。

⑬ 拂：逆，违背。

⑭ 菑：古"灾"字。逮：及，到。

"古文今解"看译文

《尚书·康诰》中说："唯有天命是不常留驻的。"国政良善就能得到天命，国政不善就要失掉天命。《楚书》上记载："楚国没有东西可以作为宝物的，只是把善作为宝物。"重耳的舅父说："流亡在外的人，没有什么东西可以当作宝物的，只有把对父亲的敬爱当作宝物。"《尚书·周书·秦誓》中说："如果一个臣子，真诚本分没有其他技艺和能力，他的心胸宽广，有容忍别人的度量。别人拥有技艺和能力，就好像他有技艺和能力一样；别人德才兼备，他发自内心地喜爱人家，不只是他口中说出的那样，那他就真的是能够容人的。任用他能保护我的子孙和黎民，也还是有利的呀！假如别人有技艺和能力，他心中就嫉妒别人，厌恶别人；别人贤德聪慧，他就压制阻碍，使人家的功绩不能被君主知晓，那他其实是不能容人的。任用他就不能保护我的子孙和黎民，这就是危险的！"只有仁德的君王才会把这种人流放，驱逐到四方蛮夷之地，不让他们一起在中原。这就叫作只有仁德的君王才真能爱护好人，才真能憎恨坏人。发现了贤德的人而不能举荐，或者举荐了而不能提拔任用，这就是怠慢了。发现了不好的人而不能罢黜，或者罢黜了而不能把他驱逐到远方，这就是过错。作为君王竟

喜爱人们所憎恶的，憎恶人们所喜爱的，这就叫作违背人的本性，灾祸
必将降临到他的身上。

"诸子注说"解经义

朱熹："不宝金玉而宝善人也。"

朱熹："有此媢疾之人，妨贤而病国，则仁人必深恶而痛绝之。以
其至公无私，故能得好恶之正如此也。"

郑玄："命，当作慢。"

程子："命，当作怠。"

朱熹："若此者，知所爱恶矣，而未能尽爱恶之道，盖君子而未仁
者也。"

朱熹："好善而恶恶，人之性也；至于拂人之性，则不仁之甚者也。"

"以史为鉴"读案例

作恶终究会被清算

李燮（134—186），字德公，东汉时期汉中南郑（今陕西汉中）人，
汉灵帝时拜平安相，复为议郎，迁河南尹。

李燮的父亲是当时著名的谏臣李固。当初，李固因得罪了朝中权臣
梁冀而被罢官，他提前获悉，为保住后嗣，他暗中将三个儿子送回家
乡，此时李燮只有十三岁。李燮的姐姐文姬秘密地与两位哥哥谋划先将
李燮藏匿起来，对外宣称送李燮回京师，大家都信以为真。很快灾难降
临，李固被害，朝廷下令让州郡抓捕李固的三个儿子。文姬就求告父亲
李固的学生王成，王成深受感动，于是带着李燮乘船顺着长江而去，在
徐州隐姓埋名。李燮改名换姓，在酒店里当伙计；王成则在大街上算

卦。两人平常装作不认识，只在暗中联系，相互照应。

十多年后，梁冀被诛，皇帝大赦天下，李燮终于回到家乡，为父兄服孝。

李燮曾任河南府尹，这时天下已经有了买官卖官的不正之风。朝廷下诏要求征用三亿钱，以修建西园。李燮上书陈言劝谏，语言诚恳，于是汉灵帝下令停止修建。在此之前，颍川郡甄邵通过依附梁冀，当上了邺县县令，他的一位朋友因为得罪了梁冀，走投无路来找他。甄邵表面答应帮助他，暗中却将此事告诉了梁冀。进而他的朋友惨遭杀害。甄邵出卖好友，晋升为太守。这时，偏偏他的母亲去世了。为了自己的官路，他不惜把自己去世的母亲埋在马厩之内，直到太守的任命文书下达，他正式上任后才发丧。后来，甄邵在去洛阳的路上遇到了李燮。李燮命令军兵把甄邵的车推翻到沟里，一顿暴打，最后在他的脊背上贴了布条，上面写着："卖友升官，贪官埋母。"并将甄邵的全部恶行上报朝廷。最终朝廷免了甄邵的官职，判处甄邵终身监禁，使这样的势利小人受到惩处。

"抑扬顿挫"读原文

是故君子有大道，必忠信以得之，骄泰以失之①。生财有大道，生之者众，食之者寡，为之者疾，用之者舒，则财恒足矣。仁者以财发身②，不仁者以身发财。未有上好仁而下不好义者也，未有好义其事不终者也，未有府库财非其财者也。孟献子曰③："畜马乘不察于鸡豚④，伐冰之家不畜牛羊⑤，百乘之家不畜聚敛之臣⑥。与其有聚敛之臣，宁有盗臣⑦。"此谓国不以利为利，以义为利也。长国家而务财用者⑧，必自小人矣。彼为善之，小人之使为国家，菑害并至。虽有善者，亦无如之何矣！此谓国不以利为利，以义为利也。

"字斟句酌"查注释

① 骄泰：骄横放纵。

② 发身：修身。发，发达，发起。

③ 孟献子：姓仲孙，名蔑，鲁国大夫。

④ 畜：养。乘（shèng）：用四匹马拉的车。畜马乘，是士大夫的待遇。

⑤ 伐冰之家：丧祭时能用冰的人家，是卿大夫类高官的待遇。

⑥ 百乘之家：拥有一百辆车的人家，指有封地的诸侯王。聚敛之臣：搜刮钱财的家臣。聚，聚集。敛，征收。

⑦ 盗臣：盗窃府库财物的家臣。

⑧ 长（zhǎng）国家：成为国家之长，指君王。

"古文今解"看译文

君子执掌政权治理国家自有正道，忠信诚实才能得到一切，骄横放纵就会失掉一切。

创造财富有重要的原则，生产财物的人多，消耗财物的人少，创造财物的人生产快速，消耗财物的人消费缓慢，那么国家的财物就能长久地保持充裕了。仁德的人用仗义疏财来修养自身的德行，不仁的人却用自己的条件去敛钱发财。没有上位的君主爱好仁德而下位的臣民不爱好道义的，没有臣民爱好道义而国事不能完成的，也没有国库的财物不是属于国君的。孟献子说："拥有马匹车辆的士大夫之家，就不该去计较喂鸡喂猪的小利；有资格伐冰备用的卿大夫之家，就不该饲养牛羊去牟利；拥有百辆兵车的诸侯之家，就不该养活那聚敛民财的家臣。与其有这种聚敛民财的家臣，还不如有偷盗自家财物的小臣。"这就是说，君王治理国家不能以财物为利益，而应该以道义为利益。治理国家却致力于聚敛财富的君王，必定是受到了小人的蛊惑。而那君王却认为那个小人的主意好，任命小人来治理国家，那么天灾、人祸就会一起降临。到了那个时候，即使有贤能的人接管，也没有办法了。这就是说，治理国家不能以财物为利益，而应该以道义为利益。

"诸子注说" 解经义

朱熹："君子，以位言之。道，谓居其位而修己治人之术。发己自尽为忠，循物无违谓信。骄者矜高，泰者侈肆。"

吕氏："国无游民，则生者众矣；朝无幸位，则食者寡矣；不夺农时，则为之疾矣；量入为出，则用之舒矣。"

朱熹："此因有土有财而言，以明足国之道在乎务本而节，非必外本内末而后财可聚也。"

朱熹："仁者散财以得民，不仁者亡身以殖货。"

宋陈淳："唯上之人不妄取民财，而所好在仁，则下皆好义，以忠其上矣。下既好义，则为事无有不成遂者矣。天下之人，皆能成遂其上之事，则府库之财，亦无悖出之患，而为我有矣。非若不好仁之人，财悖而入，亦悖而出也。"

朱熹："君子宁亡己之财，而不忍伤民之力；故宁有盗臣，而不畜聚敛之臣。"

朱熹："深明以利为利之害，而重言以结之，其丁宁之意切矣。"

天下为公

高柔（174—263），字文惠，三国陈留（今河南开封陈留镇）人。历任尚书郎、丞相理曹掾、颍川太守、侍御史、廷尉，赐爵关内侯，后封延寿亭侯。

高柔在家乡时，曾对人说："当今英雄并起，陈留是四方争战的战略要地。曹将军（曹操）虽然占据兖州，本有四方之图，只是未能得以安坐自守。而张府君先前得志于陈留，我忧虑事变会突然发生，所以，想与大家共同避难。"众人都觉得张邈与太祖关系很好，高柔又年少，所以并不在意他说的这些话。高柔的父亲高靖任蜀郡都尉，在西州去世。当时路途艰险，兵寇纵横，高柔冒着危险到蜀都迎丧，辛苦荼毒，无所不尝，历时三年才得以返回。

高柔后来升任廷尉。魏国初年时，三公很少参与朝政。高柔上疏说："天地依靠四时来成就其功德，国君依

靠大臣的辅佐来振兴国家。成汤倚重伊尹的辅助，成就功业；周文王、周武王凭借周公、吕望的才智，建立大业。及至汉朝初期，萧何、曹参等人都是以元勋的身份做了皇帝的心腹。这些都是开明贤圣的君王能够赏识信任大臣，而贤明有才能的大臣倾力辅佐君王的例证。当今的三公辅佐大臣，都是国家的栋梁，是黎民百姓所敬仰的人。把他们安置在三公的位置上，却不让他们参与国政，使得他们只能在家休养，很少对国家政事提出意见，这实在不是朝廷尊敬任用大臣的大义，也不是大臣出谋献策、辅佐君主的道理。古时刑律、政事疑而难决时，就在槐树下、草野中公开讨论。今后，朝廷遇到疑问、难题或者刑狱大事，应该及时虚心地向三公谘之。三公可在每月的初一、十五这两天上朝议事，也特别延请他们参与时政的讨论议定，放开言论，让他们尽情议论朝政得失。这样对皇上的决策以及国家政局的稳定，都会有很大好处。"魏文帝赞赏并采纳了他的建议。

中庸

《中庸》也是《礼记》中的一篇，一般认为它出自孔子的孙子子思之手。《中庸》的核心思想是儒学的中庸之道，它讲的是人性的修养。其中包括学习的方式：博学之，审问之，慎思之，明辨之，笃行之；也包括做人的规范，如君臣、父子、夫妇、兄弟以及朋友之间的相处交往规则和智、仁、勇三种重要的德行等。

第一章

天地万物之本

　　本章先讲"天命"，这里说的"天命"不是指贫富等内容，而是个人的禀赋。人的禀赋是自然形成的，这就是含有道德内容的性。人人遵从各自的性，就知道生活中要去做什么，不能去做什么，这就有了道。从道入手，修饰品节，从而推出教化。本章还解释"中和"。如果人人达到"中和"的境界，大家心平气和，社会和自然保持和谐，那么天下就太平了。

"抑扬顿挫"读原文

　　天命之谓性①，率性之谓道②，修道之谓教③。道也者，不可须臾离也④，可离，非道也。是故君子戒慎乎其所不睹⑤，恐惧乎其所不闻。莫见乎隐⑥，莫显乎微，故君子慎其独也⑦。喜怒哀乐之未发，谓之中⑧；发而皆中节⑨，谓之和⑩。中也者，天下之大本也；和也者，天下之达道也⑪。致中和⑫，天地位焉⑬，万物育焉⑭。

"字斟句酌" 查注释

① 天命：上天赋予的秉性，也可称为'天赋'。

② 率：遵循，按照。道：路，引申为规律、法则。

③ 修：修明，节制。教：教化，包括礼、乐、刑、政等。

④ 须臾：一会儿，片刻。

⑤ 乎：介词，等同"于"。不睹：看不见的地方。

⑥ 莫：没有什么更……。见（xiàn）："现"的古字，显现。

⑦ 独：独处或独知时。

⑧ 中：不偏不倚的状态。

⑨ 中（zhòng）节：符合规范，恰到好处。

⑩ 和：和谐，不乖戾。

⑪ 达道：天下古今必由之路，指普遍规律。

⑫ 致：使达到。

⑬ 位：安于所处位置。

⑭ 育：成长发育。

"古文今解" 看译文

上天赋予人的秉性叫作"天赋"，遵循上天赋予的秉性而行事叫作"道"，把道加以修明推广，并使众人仿效，就称作"教"。道，是片刻也不能偏离的；如果能够远离，那就没有法度。所以，君子即便在人们看不见的地方也自觉地谨慎小心行事，在人们听不见的地方仍然战战兢兢。没有什么秘密能不被发现，就算是再小的事也能被显露出来，所以君子在一人独居的时候也十分小心谨慎。人的喜怒哀乐还没有表现出来，叫作"中"；表现出来而又处处符合规范礼仪，叫作"和"。中，就是天下最大的根本；和，就是天下普遍的规律。人们做到"中"与"和"，天地就会各归其位，万物才能成长发育。

"诸子注说" 解经义

郑玄："天命，谓天所命生人者，是谓性命。木神则仁，金神则义，火神则礼，水神则信，土神则知。"

孔颖达："圣人修行仁、义、礼、智、信以为教化。道者，开通性命，犹如道路开通于人，人行于道路，不可须臾离也。若离道则碍难不通，犹善道须臾离弃则身有患害而生也。"

朱熹："道者，日用事物当行之理，皆性之德而具于心，无物不有，无时不然，所以不可须臾离也。若其可离，则为外物而非道矣。是以君子之心常存敬畏，虽不见闻，亦不敢忽，所以存天理之本然，而不使离于须臾之顷也。"

郑玄："慎独者，慎其闲居之所为。小人于隐者，动作言语，自以为不见睹，不见闻，则必肆尽其情也。若有觇听之者，是为显见，甚于众人之中为之。"

朱熹："幽暗之中，细微之事，迹虽未形而几则已动，人虽不知而己独知之，则是天下之事无有著见明显而过于此者。是以君子既常戒惧，而于此尤加谨焉，所以遏人欲于将萌，而不使其滋长于隐微之中，以至离道之远也。"

郑玄："'中'为大本者，以其含喜怒哀乐，礼之所由生，政教自此出也。"

朱熹："性情之德，以明道不可离之意。"

孔颖达："人君所能至极中和，使阴阳不错，则天地得其正位焉。生成得理，故万物其养育焉。"

"以史为鉴"读案例

清廉自律，固守本心

曹鉴（1271—1335），字克明，元代宛平（今北京城西南）人。自幼聪颖过人，举止异于其他儿童。青年时期到南方游学，通晓《五经》大义。大德五年，经翰林侍讲学士郝彬推荐，任镇江淮海书院官长。后累至礼部尚书。为官三十多年，一直以清介见称。去世后被追封为谯郡侯，谥"文穆"。曹鉴济贫恤孤，自己生活却十分清贫，一生为官，租房子住。他去世的时候家里没有一文财产，只有几千册自己亲手校订的书。

至治二年（1322），曹鉴被任命为江浙行省左司员外郎。奉旨括释氏白云宗田，稽检有方，后调任湖广行省左司员外郎。当时的丞相忽剌歹特强凌弱，恣意妄为，臣僚都畏惧、巴结他，唯独曹鉴依法办事，不趋炎附势。

曹鉴在湖广行省任职时，因公务操劳过度，身体不适。他的下属顾渊伯和他交好，顾渊伯外出办事返回后，给他带回一包辰州出产的朱砂（朱砂是一种名贵药材）。曹鉴也没在意，随手放到箱子里。半年后，他取出朱砂准备研制药物时，忽然发现朱砂中掺杂着三两黄金。曹鉴深感意外，感叹道："渊伯把我当作什么样的人了！"此时，顾渊伯已经去世了。曹鉴就把黄金返还给了顾渊伯的儿子。

清廉自律，固守本心，这就是曹鉴一生的写照。

第二章

君子遵循之道

本章提出了"时中"的概念。"君子而时中","时"不仅指时间、时代，也指时机。中华民族的祖先很早就在长期的客观实践中产生了"时"的观念，并以此作为指导实践活动的依据，认识到：季节时令变化对农业起着决定性意义，应顺天应人，和谐共生。

"抑扬顿挫"读原文

仲尼曰①："君子中庸②，小人反中庸。君子之中庸也，君子而时中③；小人之反中庸也，小人而无忌惮也④。"

"字斟句酌"查注释

① 仲尼：孔子，名丘，字仲尼。

② 中庸：儒家思想中的最高道德境界，即包容与利用，就是对一切的客观存在都予以包容并合理使用。

③ 时中：随时而处中。

④ 忌惮：顾忌和畏惧。

孔子说："君子合乎中庸之道，小人违背中庸之道。君子之所以能中庸，是因为君子的言行举止总是合宜适中；小人之所以反中庸，是因为小人的言行举止肆无忌惮。"

郑玄："庸，常也。用中为常道也。'反中庸'者，所行非中庸，然亦自以为中庸也。"

孔颖达："庸，常也。君子之人用中以为常，故云'君子中庸'。小人则不用中为常，是'反中庸'也。"

朱熹："中庸者，不偏不倚、无过不及，而平常之理，乃天命所当然，精微之极致也。惟君子为能体也，小人反是。"

郑玄："'君子而时中'者，其容貌君子，而又时节其中也。'小人而无忌惮'，其容貌小人，又以无畏难为常行，是其'反中庸'也。"

孔颖达："君子之为中庸，容貌为君子，心行而时节其中，谓喜怒不过节也，故云'君子而时中'。小人为中庸，形貌为小人，而心行无所忌惮，故云'小人而无忌惮也'。小人将此以为常，亦以为中庸，故云'小人之中庸也'。"

朱熹："君子之所以为中庸者，以其有君子之德，而又能随时以处中也。小人之所以反中庸者，以其有小人之心，而又无所忌惮也。盖中无定体，随时而在，是乃平常之理也。君子知其在我，故能戒谨不睹、恐惧不闻，而无时不中。小人不知有此，则肆欲妄行，而无所忌惮矣。"

"以史为鉴" 读案例

庞涓之死

庞涓（？—前341），战国初期魏国名将。庞涓年少时和孙膑共同拜师鬼谷子，隐居山林学习兵法。二人同住，感情深厚，结为兄弟。

有一年，山下传来消息，魏国正在招揽天下贤才，庞涓决定去试一试，孙膑则决定继续在山里学习。庞涓临走前和孙膑约定，如果自己在魏国得到重用，一定回来迎接孙膑，两人一起并肩战斗。

很快，庞涓得到魏国国君的赏识，被任命为元帅，执掌兵权。在庞涓的带领下，魏国征服了周围的小国，并且打败了当时的霸主齐国。魏国兵强马壮，庞涓也受到了魏国人的尊重。庞涓志得意满，越来越骄傲。

此时，孙膑还在山中学习。他比庞涓勤奋扎实，鬼谷子见他为人正派，又把《孙子兵法》十三篇单独传授给他，因此，孙膑的才能高于庞涓。

　　魏国国君听闻孙膑的才能后，就派人带着厚礼来请孙膑出山。孙膑还以为是庞涓信守约定来请他，于是秉承师命，去了魏国。但庞涓并不知道此事。

　　庞涓和孙膑重逢。庞涓表面上热情欢迎，但内心十分不安，他怕孙膑抢走他的权位，尤其是得知鬼谷子把《孙子兵法》传授给孙膑后，愈发嫉妒。他看到魏国国君对孙膑格外礼遇，危机感越来越强烈，生出了杀掉孙膑的念头。他设下毒计，诬陷孙膑私通齐国，然后假装向魏王求情。

　　庞涓的阴谋得逞了。魏王信以为真，将孙膑送到庞涓府中，任其发落。庞涓派人剜去孙膑的两个膝盖骨，并用黑墨在其脸上刺了"私通敌国"四个字。然而孙膑此时还一无所知，甚至还认为是庞涓求情才让自己逃过一死，对庞涓十分感激。伤势好转之后，他答应庞涓把鬼谷子所传授的《孙子兵法》十三篇及注释全部写出来。

　　然而，孙膑在即将写完之时，终于知道自己是被庞涓所害。于是，他开始装疯，把他写成的部分《孙子兵法》扔到火盆里烧成灰烬。庞涓试探了多次，终于相信孙膑疯了，不再拘禁他，任他满身粪便乱跑，任他睡在大街上，睡在马厩、猪圈里。但庞涓仍不放心，依然派人看着孙膑，并要求手下报告孙膑的行为和踪迹。

　　只有一个人知道孙膑是装疯的，就是那个当初向魏国国君推荐孙膑的人。此人是赫赫有名的墨子。他把孙膑的境遇告诉了齐国大将田忌，田忌报告给了齐威王，齐威王便命田忌去把孙膑救了出来，请他来齐国效力。

　　孙膑终于逃到了齐国。这时，庞涓又率领魏军击败赵军，围住赵国首都邯郸。危难之际，赵国派人向齐国求救。齐王想拜孙膑为主将，孙膑推辞。于是齐王命田忌为将，孙膑则在暗中协助田忌。田忌按照孙膑的策略行事，没有长途奔波以解救赵国，而是就近攻打魏国的襄陵，在庞涓率部来救的中途埋伏重兵，趁势大破魏军，使之死伤两万余人。这就是历史上著名的"围魏救赵"。

之后庞涓又率领魏国攻打韩国，韩国弱小，只能向齐国求救。齐国军队按照孙膑的谋划，故意等到韩、魏交战一段时间后，直接奔袭魏国首都大梁。庞涓得到消息后怒不可遏，发誓要和齐国决一死战。

庞涓赶回来之后，发现齐军已经撤离了，便拼命追击。出发前，他先派人去清点齐军营中的锅灶痕迹，发现竟然有十万之多；他非常吃惊："齐军人多，不可轻敌！"追了一天之后，再清点齐军遗留下的灶迹，发现只剩下五万了。庞涓大喜过望，他认为齐军厌战，已经逃走一半人了！到了第三天再数，只剩下三万了。庞涓再也抑制不住冲动，下令一定要活捉孙膑！

其实，这正是孙膑故意引诱庞涓的计谋，史称"减灶计"。孙膑已经按照算好的日程，在马陵道设下埋伏。

庞涓在黄昏时赶到马陵道，士兵报告说前方的谷口被树枝和乱石堵住了，庞涓却更加兴奋，认为这说明齐军畏战，胜利近在咫尺。他命令手下快速清理障碍，然后一马当先冲进山谷。庞涓正快速前进，忽然被一棵大树挡住去路；他隐约看见树干上有字迹"庞涓死于此树下"，顿时大惊失色，高喊："我中计了！"话音未落，一声锣响，万箭齐发，庞涓被射死，魏军大败。

世间至高之德

　　恰恰因为中庸是最高的德行，所以难以把持。想要做到不偏不倚，无过无不及，在两端中寻求平衡，在动静之中恰到好处，是非常困难的。中庸是人生至高无上的道德境界，想要达到要有艰苦的付出。

"抑扬顿挫"读原文

　　子曰："中庸其至矣乎①！民鲜能久矣②！"

"字斟句酌"查注释

　　①至：极致，顶点。
　　②鲜（xiǎn）：少，不多。

"古文今解"看译文

　　孔子说："中庸的品德大概是至高无上的啦！很少有人能做到，这种状况已经很久了！"

"诸予注说" 解经义

郑玄："中庸为道至美，故人罕能久行。"

孔颖达："叹中庸之美，人寡能久行，其中庸之德至极美乎！"

程颢、程颐："不极天理之高明，不足以道中庸。"

朱熹："过则失中，不及则未至，故惟中庸之德为至。然亦人所同得，初无难事，但世教衰，民不兴行，故鲜能之，今已久矣。"

"以史为鉴" 读案例

博文多识

张华（232—300），字茂先，范阳郡方城县（今河北固安）人，西晋政治家、文学家、藏书家，西汉名臣张良的十六世孙。年少时就博览文典。后为太常博士，转兼中书郎。一日有感，作《鹪鹩赋》以自寄。大诗人阮籍读了这篇《鹪鹩赋》后大为赞赏，认为张华有王佐之才。

张华博览图籍，四海之内，若指诸掌。晋武帝经常向他咨询汉朝的治理方略及管理制度，涉及范围十分广泛。张华应对如流，并且语言生动精彩，使听者津津有味。张华后官至太子少傅、司空。

张华博物洽闻。一天，有人捡到一种奇异的羽毛，长约三丈，请张华辨认。张华看了后脸色变差，说："这是海凫的羽毛。此鸟出现，预示着天下要发生动乱。"

一日，陆机宴请张华，高朋满座，有很多佳肴珍馐。有一道菜名曰"白鲊"。张华打开器皿的盖子，说："这叫龙肉。"人们都不信。张华说："用苦酒浇，必定会有异象，一试便知。"尝试后，果然立即有五彩光芒升起。陆机询问进献白鲊的人。那人说："这是在园子里堆积的茅草下面得到的一条白鱼，感觉鱼的肉质和样貌都十分迥异。用来做菜，味道鲜美。因此就进献给您来品尝。"

吴郡报告说，临平江岸崩塌，有一只石鼓出现，槌击却没有声音。皇帝立刻召见张华请他看看。张华说："取蜀中铜材，刻制成鱼形的鼓槌，用它来敲击，鼓就出声了。"皇帝命人按照张华说的去做，果然鼓声洪亮，响彻数里。

在西晋统一之前，吴国发现北斗星和牵牛星之间常有紫气。研究道术的人认为这是东吴强盛的天意，说明东吴不可讨伐。只有张华认为这样的说法牵强附会，没有道理。后来，东吴被西晋消灭，紫气更加明亮了。张华了解到豫章郡有个叫雷焕的人对天象很有研究，于是把他请来，二人晚间登楼观察。雷焕说："这是宝剑发出的剑气，位置在豫章郡的丰城县。"于是皇帝任命雷焕为丰城县令，让他负责探寻。雷焕上任后，经过测算，挖掘牢房下的地基，挖出了一对剑。当晚，斗牛二星之间便看不到紫气了。雷焕用南昌西山北岩下的土石磨拭剑，除去锈迹后，剑发出耀眼的光芒。于是他派遣特使，护送其中一剑献给皇帝，并将土石送给张华；留下另一把剑作为自己的佩剑。张华

认为南昌的土石不如华阴县的赤色土石，于是就找了华阴土石一斤送给雷焕。雷焕再用华阴土石磨剑，发现剑更加锋利了。

在曹魏时期，殿前大钟忽然自己震动，发出声响，大家感到惊讶。张华说："这是四川发生了地震，大钟感应而发出声音。"不到十天，蜀郡果然报告发生了地震。

张华博学多识，这并不是谁都能轻易做到的。

第四章

道德难以实行

　　行是实践，明是认知。聪明的人做得"过头"，愚昧的人做得不足，正所谓要么太过，要么不及，无法恰到好处，也难以达到中庸，这也是中庸之道不能实行的原因。

"抑扬顿挫"读原文

　　子曰："道之不行也①，我知之矣：知者过之②，愚者不及也。道之不明也，我知之矣：贤者过之，不肖者不及也③。人莫不饮食也，鲜能知味也。"

"字斟句酌"查注释

　　①道：中庸之道。
　　②知：通"智"。过：超过限度。
　　③不肖者：不贤的人。

"古文今解" 看译文

孔子说："中庸之道之所以难以实行，我知道这里面的原因：聪明的人认识过了头，自以为是；愚钝的人智力不及，难于理解，言行又达不到中庸之道；中庸之道之所以不能昌明，我知道这里面的原因：贤德的人的认识超过了中庸之道，无才德的人的认识又达不到中庸之道。这就好比没有人会不餐不饮，却很少有人能真正辨知滋味。"

"诸子注说" 解经义

郑玄："过与不及，使道不行，惟礼能为之中。"

朱熹："知愚贤不肖之过不及，则生禀之异而失其中也。知者知之过，既以道为不足行；愚者不及知，又不知所以行，此道之所以常不行也。贤者行之过，既以道为不足知；不肖者不及行，又不求所以知，此道之所以常不明也。"

孔颖达："饮食，易也；知味，难也。犹言人莫不行中庸，但鲜能久行之。言知之者易，行之者难，所谓愚者不能及中庸也。"

朱熹："道不可离，人自不察，是以有过不及之弊。"

"以史为鉴" 读案例

眼盲心明的乐师师旷

师旷，字子野，平阳（今山东新泰南师店）人，春秋时期晋国人，著名盲人乐师，古人称其为"乐圣"，宫廷掌乐太宰，古传太极拳开创者，教育家，思想家，最早提出"民贵君轻"。传说他从小就喜爱音乐，甚至因为领悟到"技之不精，由于多心；心之不一，由于多视"的道理，就用艾草熏瞎了眼睛，专心音律，最终成为音乐大师。师旷琴艺高超，深通音律感应的哲理，深得晋国君主信任。

春秋时期，人们非常重视乐律，对其有敬畏之心，因而留下很多师旷奏乐的传奇故事。

传说师旷弹琴，"玉羊，白鹊翱翔"。古人以玉羊、白鹊为"玉音协和，声教昌明"的祥瑞。师旷为晋平公弹奏"清微""有玄鹤列队翔集""延领而鸣，舒翼而舞"；又奏"清角"，有玄云汇集，风雨骤至，令人惊心动魄。

某天，晋平公宴乐之后，看着双目失明的师旷，发出感叹："太师聪明智慧，却不幸失明，处在昏暗的世界中，看不到外面世界的精彩。"

师旷回答道："其实，这没什么，失明并不是天下最严重的昏暗。天下的五种昏暗，都侵蚀不到我。"

晋平公问："你的话是指什么呢？"

"那么，我就逐一说给大王听吧。"师旷说，"各级官吏通过行贿来买官爵，博取名利，利用公家权力给自己谋利，而老百姓承受着沉重的生存苦难，走投无路，国君却不闻不问，这是第一种，叫昏庸；忠臣无法得到重用，奸邪、无能的人身居高位，小人压制贤德之人，君王对此毫

不知情，这是第二种，叫昏聩；奸佞之臣玩弄手段，欺上瞒下，享受着荣华富贵，正直的言辞被压制，贤德之人被排挤，无法容身，君王却不察觉，这是第三种，叫昏墨；国家积弱贫穷，国库空虚，用虚假的数字自欺欺人，百姓负担沉重，面临困苦破产的境地，君主却好大喜功，听从谄媚之辞而不醒悟，这是第四种，叫昏暗；良知被出卖，原则被践踏，是非被混淆，法令被私用，执法者贪赃枉法，正义无处伸张，邪恶得不到惩治，百姓无法安居，君主却不明不白，这是第五种，叫昏昧。国家陷入这样的境地，没有不颠覆的。相比之下，我的这点儿小不幸算得了什么？不至于危及国家啊！"

晋平公听后，沉思良久。

第五章

孔子的叹息

　　本章中，孔子发出了深深的叹息。由于不了解道的内容和重要性，所以道难以实行。但是天地之道是存在的，也按照固有的法则运行着，引导着世界的发展。

"抑扬顿挫" 读原文

　　子曰："道其不行矣夫①！"

"字斟句酌" 查注释

　　① 其：语气助词，表示推测。夫（fú）：语尾词，表示感叹。

"古文今解" 看译文

　　孔子说："中庸之道恐怕难以实施了吧！"

"诸子注说"解经义

孔颖达："夫子既伤道之不行，又哀闵伤之，云时无明君，其道不复行也。"

朱熹："由不明，故不行。"

"以史为鉴"读案例

孔子周游列国

孔子幼年时即被人称赞"博学好礼"，十七岁就有人慕名向他请教，三十岁时就有名气。但孔子在鲁国一直不受重用，无法实现理想，就广收门徒，希望能传播自己的仁德思想和治国理念。孔子开创了私塾教学的先河，传说他有三千弟子，其中品德能力卓著的有七十二个。

鲁定公九年（前501），孔子被任命为中都宰，此时他已经年过五十了。孔子治理中都一年，卓有政绩，被升为小司空，很快又升为大司寇，摄相事，鲁国大治。后来，孔子与权臣三恒有矛盾，不得已离开鲁国。随即，孔子开始周游列国。他留下几个弟子在鲁国任职，自己带着仲由、颜回、冉求等人出游，到过卫、曹、宋、郑、陈、蔡六个国家，前后花了十四年的时间。

孔子首先去了卫国，因为"卫国多君子"。卫灵公开始确实很尊重孔子，依照鲁国的标准给孔子很高的俸禄，但不给他官职。然而不到一年，卫灵公就对孔子有了疑心，于是孔子决定离开卫国，去陈国看看。

路过匡城时，匡城人将他们围住，五天后才逃脱。孔子一行人逃离匡城，到了莆地，又赶上卫国贵族公叔氏发动叛乱，再次被围。逃脱后，孔子又回到卫国，卫灵公亲自出城迎接。此后孔子几次离开，几次返回，都是因为卫灵公对他时好时坏，也是因为孔子离开卫国后没别处可去，只能回来。

五十九岁那年，孔子再次离开卫国往陈国去，路经曹、宋、郑三国。在郑国都城，孔子迷路了，就站在东门等着弟子来找他，他身高超过一米九，比很多人都高，很多人叫他"长人"。有个郑国人对正在寻找孔子的子贡说："东门那边有个人，额头长得像尧，脖子长得像皋陶，肩膀长得像子产，但是从腰往下就比大禹短了三寸，那个人看起来凄凉狼狈，失魂落魄，就像一条丧家之犬啊。"子贡找到孔子后把这段话告诉了他，孔子欣然笑道："具体的长相不重要，不过说我像丧家之犬，这话没错啊。"这也是孔子生于乱世，志向难以实现，精神没有归属的真实写照。

孔子及其弟子在陈国待了三年，吴国攻打陈国，兵荒马乱，孔子便带着弟子离开。楚国人听说孔子到了陈、蔡交界处，就派人迎接孔子。陈国、蔡国的大夫们知道后，派出很多人将孔子师徒困在半路，孔子师徒粮食吃完了，就只能饿着，好几个人差点儿饿死。最后是子贡跑出去找到了楚国人，楚国派军队来迎接，孔子师徒才获救。

然而楚国人后来也不待见他们了，孔子只能回去。

在从叶邑返回蔡国的途中，一条河挡住了去路，没有船也没有桥，河边有两个男人在耕田，孔子就让子路去询问渡口的方向。那两个人反而问子路赶车的人是谁。子路如实回答。对方说："是鲁国的孔丘吗？那么他应该知道渡口在哪里呀。"农夫又对子路说："你看这广阔天地，哪里都动荡不安，谁能有力量去改变它呢？你与其跟着这种避人之士四处奔波，倒不如加入我们这种避世之士更安逸自在。"说完就继续耕地了。子路回去告诉孔子，孔子怅然叹息："人应该有社会责任，怎么能够隐居山林，置天下的黎民苍生不顾，终日与鸟兽为伍呢？如果天下太平，那自然也不用我孔丘四处奔波了。"这两位在田间耕作的农夫是当时有名的隐者长沮和桀溺。后来人们把那条挡路的河叫作"孔子河"。在河流的两旁，长沮、桀溺耕种过的那片呈梯形的田垄，一边叫"长沮冲"，一边叫"桀溺畈"，并且立有一块石碑，上面写着"孔子问津处"。

孔子周游列国，经历各种苦难，却又一直不受重用。在诸侯争霸的局面下，他的仁政思想无法推行。孔子也清晰地认识到自己的主张恐怕是无法实现了。孔子甚至说，既然无法实现自己的主张，就离开这个混沌的世界，到大海上去漂流吧。

鲁哀公十一年（前484），齐国攻打鲁国，孔子的弟子冉有率鲁国军队出战，取得胜利。季康子问冉有，这是从何而来的指挥才能？冉有回答，是和孔子学的。季康子于是派人迎接孔子回鲁国。这一年孔子六十八岁。孔子周游列国十四年，至此结束。他坚持推行的治国之道，始终没有被任何国君采用。

第六章

君主智慧的原因

　　本章讲述舜具有智慧的原因。舜之所以有大智慧，在于其不自以为是，虚心向他人学习，好听的话和粗鄙的话都去听，这样的行为深得人心。

"抑扬顿挫" 读原文

　　子曰："舜其大知也与①！舜好问而好察迩言②，隐恶而扬善，执其两端，用其中于民，其斯以为舜乎③！"

"字斟句酌" 查注释

　　① 舜：古代帝王，名重华，史称"虞舜"。大知：有很高的才智。知：通"智"。

　　② 迩言：浅近的话。

　　③ 其：语气词，表示推迟。斯：这。"舜"字的本义为仁义盛明，故孔子有此感叹。

"古文今解"看译文

孔子说："舜真是英明睿智啊！他喜欢请教别人，并且善于分析那些浅近话语里的含义。别人说得不对的他加以掩饰，别人说得对的他加以宣扬，既看到至善的一面，也看到恶劣的一面，取其中合乎道德的言行用于民。这就是舜之所以成为舜的原因吧！"

"诸子注说"解经义

郑玄："近言而善，易以近人，察而行之也。'两端'，过与不及也。'用其中于民'，贤与不肖皆能行之也。其德如此，乃号为'舜'，舜之言'充'也。"

孔颖达："既能包于大道，又能察于近言，即是'大知'也。舜能执持愚、知两端，用其中道于民，使愚、知俱行之。"

朱熹："舜之所以为大知者，以其不自用而取诸人也。迩言者，浅近之言，犹必察焉，其无遗善可知。然于其言之未善者则隐而不宣，其善者则播而不匿，其广大光明又如此，则人孰不乐告以善哉。两端，谓众论不同之极致。盖凡物皆有两端，如小大厚薄之类，于善之中又执其两端，而量度以取中，然后用之，则其择之审而行之至矣。然非在我之权度精切不差，何以与此。此知之所以无过不及，而道之所以行也。"

"以史为鉴"读案例

鲁肃借荆州

鲁肃（172—217），字子敬，临淮郡东城县（今安徽滁州定远县）人，东汉末年杰出战略家、外交家。出生于富庶的士族家庭，幼年丧父，由祖母抚养长大。鲁肃身形魁梧，性格豪爽，喜欢骑射，又爱读书，仗义疏财，在乡里颇有威望。当时东汉朝廷昏庸，官吏腐败，社会动荡，鲁肃就召集当地的青年一起习武练兵。当时，附近有个叫周瑜的年轻人带着几百人向鲁肃讨粮食，鲁肃家里有两个大粮仓，各有三千斛粮食，他就随手一指，将其中一仓三千斛粮食慷慨送给周瑜。从此，二人互相欣赏，成为朋友。

建安二年（197），鲁肃率领百余人追随周瑜到江南投奔孙权，也就是东吴。孙权向鲁肃请教天下大计，鲁肃为他谋划了立足江东图帝王之业的方针。

后来，北方曹操率大军讨伐东吴，势单力薄的刘备也唇亡齿寒。东吴凭借长江天堑可以确保安定，且力量也比刘备强大得多，很多大臣看不起刘备，又十分害怕曹操，面对曹操大军主张议和投降。孙权犹豫不决，鲁肃私下和他说："投降曹操，我们当大臣的还能谋求一官半职，继续过无虑的日子，可是主公您呢？"孙权这才下定决心抗曹。

由于东吴实力不如曹操，所以鲁肃主张联合刚刚吃了败仗的刘备共同抗曹。鲁肃为此亲自渡江去见刘备，并请诸葛亮来东吴，共同商议抗曹。后来孙刘联军以少胜多击败了曹操，是为"赤壁之战"。此役过后，三国鼎立的局面正式形成。

孙刘联合过程中，东吴大都督周瑜恃才傲物，气量狭窄，而刘备一方的诸葛亮也是寸步不让，双方的合作并不是一帆风顺的。两方能够回避间隙，实现联合，主要归功于从中周旋的鲁肃。

赤壁之战后，刘备带人拜见孙权，请求借荆州安身。很多将领都劝

孙权趁机扣押刘备，周瑜在外地，也写信表达这个主张。只有鲁肃从全局考虑，劝说孙权把荆州借给刘备，以巩固孙刘联合。鲁肃说："您固然神武盖世，但曹操势力太大了。我们刚占领荆州，恩德信义还没有施于民众，没有得到民众认可。不妨把荆州借给刘备，让他去安抚百姓，此乃上策。这样一来，曹操多了一个敌人，我们多了一个朋友。"孙权同意了鲁肃的主张。据说曹操得知孙权把荆州借给刘备后，震惊之下，连手中的毛笔都掉落在地上了。

后周瑜病危，写信给孙权，推荐鲁肃接任自己的职权。孙权采纳了建议，当即任命鲁肃为奋武校尉，接替周瑜统领部队。当时鲁肃与刘备帐下关羽部邻界，双方经常发生摩擦。鲁肃顾全大局，总是以友好的姿态安抚双方。

孙权数次向刘备要求把荆州还回来，刘备不还，鲁肃几次出使都是空手而回，孙权也为此责备鲁肃，并派吕蒙武力收回荆州。刘备亲自领兵赶来，以关羽为将，孙权也亲自出马，使鲁肃和关羽对抗。鲁肃不希望孙刘两家两败俱伤，因此决定邀请关羽相见会谈。

鲁肃提出双方将兵马放置在百步之外，只有将军们带刀赴会。关羽非常英勇，东吴皆为鲁肃担心，劝说鲁肃不要冒险。鲁肃说："事已至此，话都说清楚了。刘备不还荆州，是他们理亏。关羽又能怎么样？"于是毫不畏惧地赴会了。

在单刀会上，鲁肃多次指责关羽背信弃义，双方也是剑拔弩张。最后不得已，双方议定以湘水为界，平分荆州。

后鲁肃病逝，孙权亲自为他主持丧事。诸葛亮也在益州哀悼。

在曹、孙、刘三家鼎力纷争的局势中，孙权阵营只有鲁肃一直坚持孙刘联盟，当他被孙权指责时，能够以从容的姿态平息孙权的怒气；面对关羽的盛气凌人，他又能正气凛然，驳斥得关羽无言以对。

鲁肃主张孙刘联盟，为长远利益考虑，这是他的过人之处。鲁肃去世后，孙权派吕蒙偷袭关羽，孙刘联盟正式破裂，而到最后吴蜀两国也被各个击破，随之灭亡。

第七章

坚持中庸，勿陷牢笼

　　自以为聪明，不知道适可而止；优柔寡断，畏缩不前，这些都不符合中庸之道。有些人知道适可而止的好处，但欲望无穷，争强好胜，最终还是无法坚守中庸之道。功利之心就像陷阱，人们自以为聪明，终究还是陷入了自己给自己设置的牢笼之中。

"抑扬顿挫"读原文

　　子曰："人皆曰予知①，驱而纳诸罟攫陷阱之中②，而莫之知辟也③。人皆曰予知，择乎中庸而不能期月守也④。"

"字斟句酌"查注释

　　①予：我。知：通"智"。

　　②纳：原义为"纳入"，此处是"落入"之意。罟（gǔ）：捕兽的网。攫（huò）：装有机关的捕兽的木笼。

　　③辟：通"避"，躲避。

④ 期（jī）月：一整月。

"古文今解" 看译文

孔子说："人们都说自己聪明，却是被利欲驱使，如同禽兽一般，进入捕网、木笼、陷阱之中，不知道去躲避。人们都说我知道，可是选择了中庸之道，却不能坚持实行一个月。"

"诸子注说" 解经义

郑玄："凡人自谓有知，人使之如罟，不知辟也。自谓中庸而为之，亦不能久行，言其实愚又无恒。"

孔颖达："禽兽被人所驱，纳于罟擭陷阱之中，而不知违辟，似无知之人为嗜欲所驱，入罪祸之中而不知辟。小人自谓选择中庸，而心行亦非中庸。假令偶有中庸，亦不能期匝一月而守之，如入陷阱也。"

朱熹："择乎中庸，辨别众理，以求所谓中庸，……知祸而不知辟，以况能择而不能守，皆不得为知也。"

"以史为鉴" 读案例

聪明反被聪明误的杨修

杨修（175—219），字德祖，东汉末年文学家，弘农郡华阴县（今陕西华阴）人，出身汉魏名门弘农杨氏，聪慧过人，博学多才。他在曹操帐下效力，官居主簿，替曹操典领文书。当时曹操军务繁忙，杨修负责的内外之事都很合曹操心意。但此人恃才傲物，多次触怒曹操。

有一次，曹操下令修建后花园，建成那天他亲自视察；他在园子里转了一圈，没说好，也没说不好，只是临走前在园子的大门上写了一个"活"字。工匠们谁也理解不了此意。于是有人请教杨修。杨修说："门上加个'活'，那就是'阔'啊，曹丞相嫌你们把门造得太宽大了。"工匠们恍然大悟，于是重新增加围墙，让园门变小。完工后再请曹操前来，曹操大喜，问他们："是谁领会了我的意思？"左右回答："是杨修！"曹操嘴上称赞，内心却对杨修很是忌惮。

曹操生性多疑，总怀疑有人要谋害他，嘱咐左右说："我经常在梦里杀人，我睡着的时候，你们千万别靠近我！"有一天，曹操在睡午觉，睡着睡着被子掉地上了，在帐中服侍的一个近侍赶紧过来捡起被子给曹操盖上。曹操立刻醒来拔剑杀了他，然后继续睡觉。醒来之后，曹操假装吃惊，问手下："谁把我的近侍杀了？"大家告诉他实情，曹操痛哭，命令厚葬近侍。从那以后，大家真的以为曹操会做梦杀人，只有杨修知道是怎么回事，下葬之前他指着近侍的尸体叹息说："丞相不在梦中，在梦中的其实是你啊！"曹操知道后更讨厌杨修了。

曹操想要考验一下曹丕和曹植兄弟二人的才干，派两人都走邺城门出去办事，又暗中派人吩咐守门的官吏，不准放他俩出城。曹丕先到了城门，遭到拦截，没有办法，就回去了。曹植听说这个消息，就问杨修该怎么办。杨修说："你奉命出去办事，如果有人敢阻拦，你直接杀了他。"曹植点头。等他到了城门，门吏果然不放他走，曹植呵斥说："我奉命出城，谁敢阻挡！"当即就斩了门吏。于是曹操认为曹植更有才干。后来有人告诉曹操是杨修教曹植这么做的，曹操大怒，顺带着也不太喜欢曹植了。

后来，曹操出兵汉中和刘备交战，被困在了斜谷界口，想要继续前进，又被马超阻挡，想要班师回朝，却又怕被刘备的人嘲笑，因此十分犹豫。正烦恼间，厨师送上一碗鸡汤，曹操看到碗中有鸡肋，心生感慨。正思索呢，夏侯惇进来了，询问今天夜晚的口令。曹操随口回答："鸡肋！"于是夏侯惇传令各部，都说"鸡肋"。杨修听到后，立刻吩咐军士收拾行装，准备退军。有人报告给夏侯惇，夏侯惇大惊，请杨修进帐并询问为何这样做，杨修说："鸡肋，吃起来无味，扔掉了又可惜。现在我们进兵无法取胜，退军又恐遭嘲笑，继续待着也没什么意义，不如早点回去，明天魏王必然班师回朝。因此我现在收拾行装，免得临走时慌乱。"夏侯惇说："您真是明白魏王的心事啊！"也就跟着收拾行装。这样一来，军中的各位将领都开始收拾东西了。曹操得知后，询问杨修怎么回事，杨修用鸡肋的意义来回答。曹操大怒："你怎么敢造谣生事，扰乱军心！"喝令刀斧手将杨修推出去斩了。

后世评价杨修：修虽才子，渝我淳则。意思就是杨修虽然是个聪明才子，但过于锋芒外露，自以为是，违背了中庸之道。

第八章

美德常驻心中

> 　　本章紧接前文，讲述孔子对颜回的称赞。颜回是孔子最得意的门生，孔子对他多次称赞。颜回勤而好学，为人向善，毅力过人，不为贫贱所移，被世人视为学习的榜样。

"抑扬顿挫"读原文

　　子曰："回之为人也①，择乎中庸。得一善，则拳拳服膺而弗失之矣②。"

"字斟句酌"查注释

①回：孔子的弟子颜回，字子渊。
②拳拳：奉持不舍的样子。服膺：牢记在心中。服，放置。膺，胸口。

"古文今解"看译文

　　孔子说："颜回的为人是这样的，选择了中庸之道，每次得到一个好的道理、一个好的思想，就铭记于心，诚心地信服，永不丢失。"

"诸子注说" 解经义

孔颖达："颜回选择中庸而行，得一善事，则形貌拳拳然奉持之。奉持守于善道，弗敢弃失。"

朱熹："奉持而著之心胸之间，言能守也。颜子盖真知之，故能择能守如此，此行之所以无过不及，而道之所以明也。"

"以史为鉴" 读案例

范仲淹食粥心安

范仲淹（989—1052），字希文，苏州吴县（今江苏苏州）人，北宋时期杰出的政治家、文学家。宋真宗大中祥符八年（1015）进士，官至枢密副使、参知政事。在地方治政、守边皆有成绩，文学成就也较为突出。他倡导的"先天下之忧而忧，后天下之乐而乐"思想和仁人志士节操，对后世影响深远。他向宋仁宗提出了改革政治的十项主张，史称"庆历新政"，后因守旧派的阻挠而没有成功。卒谥"文正"，有《范文正公文集》传世。

范仲淹自幼家贫，两岁丧父，随母亲改嫁山东一朱姓富户，改名叫朱说。范仲淹从小见识不凡，看不惯朱家兄弟的奢侈浪费、无所事事。当他得知自己的真实出身后，便毅然辞别母亲，脱离

朱家，带着琴、剑，独自前往南京求学。

　　范仲淹的求学生活十分艰难，他只能寄居在寺院里，每天只煮一锅粥，凉了以后将结成固体的粥切成四块，早晚各取两块果腹；有时候一天只能吃上一顿饭。这种窘境，一般人是难以忍受的，但他对此毫不介意，每天伴灯苦读，直到东方将晓。

　　他的一位同学是南京留守（最高行政官员）的儿子，这位同学看到范仲淹如此清贫乐道，甚为敬佩，回家就告诉了父亲。于是留守让人给范仲淹送去很多饭菜。

　　几天过去了，范仲淹根本没有动那些饭菜，甚至都没看一眼。同学问他为什么不接受，范仲淹说："我内心十分感激你对我的厚意，只是我已经习惯了粗茶淡饭，如果现在就任由自己享用如此丰盛的美味，那么以后还能喝得下粥吗？"

第九章

难以企及的至高境界

　　治理天下并非易事，历史上许多君王国破身死就是最好的例证。权力和金钱看起来是美好的，很多人为之疯狂追逐，有的人却能躲避谦让。面对这样的诱惑，做到不退缩，勇敢面对，需要大智大勇；而做到中庸，那更是难上加难。

"抑扬顿挫"读原文

　　子曰："天下国家可均也①，爵禄可辞也②，白刃可蹈也③，中庸不可能也。"

"字斟句酌"查注释

　　①天下：古代天子管辖下的所有地区。国家：天子分封的诸侯国。均：治理，平定。

　　②爵：爵位。周代的爵位分公、侯、伯、子、男五等。禄：俸禄。辞：放弃。

　　③白刃：闪着亮光的快刀。蹈：踩，踏。

"古文今解" 看译文

孔子说："天下国家是可以平安治理好的，官爵俸禄是可以放弃掉的，雪白的刀刃是可以踩上去的，而坚守中庸之道是很难做到的。"

"诸子注说" 解经义

郑玄："中庸难为。"

孔颖达："白刃虽利，尚可履蹈而行之。惟中庸之道不可能也。"

朱熹："三者亦知仁勇之事，天下之至难也，然不必其合于中庸，则质之近似者皆能以力为之。若中庸，则虽不必皆知三者之难，然非义精仁熟，而无一毫人欲之私者，不能及也。三者难而易，中庸易而难，此民之所以鲜能也。"

"以史为鉴" 读案例

谭嗣同舍生取义

谭嗣同（1865—1898），字复生，号壮飞，湖南省长沙府浏阳县（今湖南浏阳）人，生于顺天府（今北京），近代著名政治家、思想家，维新派人士。十岁拜师著名学者欧阳中鹄，继而对王夫之的思想主张产生兴趣，受到爱国主义启蒙。他自幼博览群书，聪明好学，喜欢经世济民的学问，厌恶科举进士的八股文。

甲午战争后，清政府同日本签署了丧权辱国的《马关条约》，聚集在京城准备参加会试的一千多名举人在康有为、梁启超的号召下，联名上书清政府，要求拒和、迁都、变法，这就是有名的"公车上书"。这件事对谭嗣同的影响很大，一方面他深感民族灾难深重，坚决反对与列强签订不平等条约；另一方面，他开始思考挽救中华民族的根本大计。最终，他认为必须彻底变革封建制度，才能挽救民族。

三十二岁时，谭嗣同完成著作《仁学》，这是维新派的第一部哲学著作。他认为世间万物处于不断运动之中，他愤怒地抨击了封建君主专制对人性的摧残。第二年，他回到湖南，与梁启超等人一起进入时务学堂，向学生宣传变法革新理论，培养了大批维新人士。同年，光绪帝决心变法，支持维新派，但真正掌握实权的是慈禧太后和守旧派大臣，他们极力阻挠变法，光绪帝也无可奈何。

这时，维新派和守旧派的争斗已经到了剑拔弩张的地步。谭嗣同刚到北京的时候，就听到传言，说光绪帝没有实权，他还不太相信。戊戌变法推行不久，京城就有传言：慈禧太后等人密谋要发动兵变，罢黜光绪帝，废除新法。

接着，光绪帝从宫中传出衣带诏，表示自身难保，希望康有为等人想办法营救。谭嗣同与康有为恸哭，而光绪身边没有任何可以倚仗之人，大家束手无措。当时众多将领中，只有袁世凯实力雄厚，又倾向变法。于是大家就把希望寄托在他身上。光

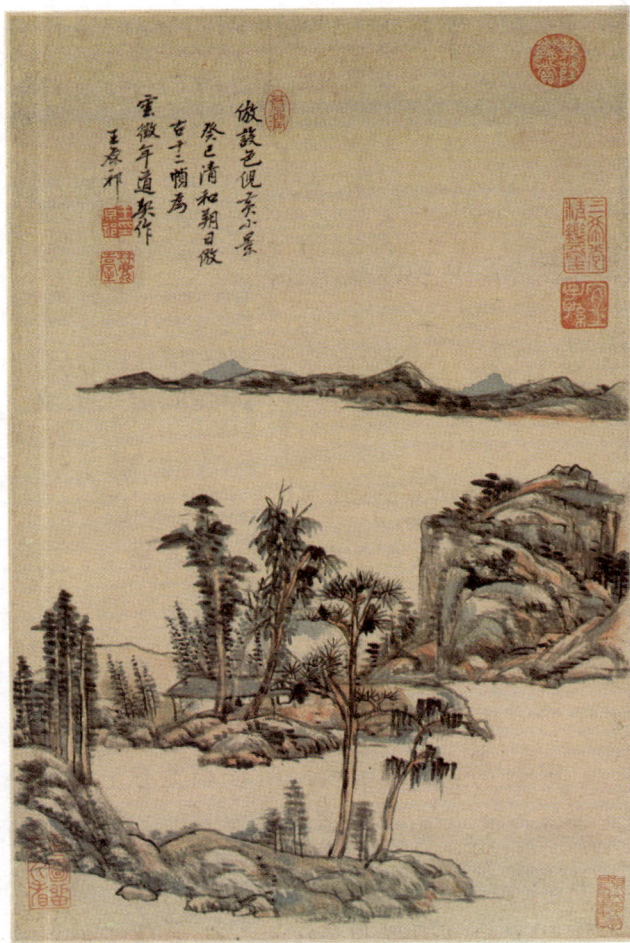

绪帝连续两次召见袁世凯，对其封赏，希望一旦发生不测，可以借助他的力量。

九月十八日，谭嗣同夜访袁世凯，开门见山询问："您觉得皇上怎么样？"袁世凯回答，说光绪帝是难得一见的圣明君主。谭嗣同说："慈禧太后准备发动兵变，你知道吧？"袁世凯表示听到了一些消息。谭嗣同直接把光绪帝的密诏拿出来给袁世凯看，并且说："如今能够拯救我们这位圣明君主的，只有您一个人了，如果您愿意合作，就请尽力协助我们。"说着又用手抹了抹自己的脖子说："如果您不想救的话，现在就请到颐和园去告发并杀掉我，可以得到更大的富贵。"袁世凯正义凛然地说："您把我当成什么人了？当今圣上为你我共同的圣主，我也受到皇上恩赐，救护的责任，不仅仅在您一个人身上，如果有什么指教，我愿意听您的。"谭嗣同又说："荣禄一向厚待于您，您打算怎么办呢？"袁世凯笑了笑没说话，他手下说："荣禄并非真心对待大帅，只不过笼络而已，大帅还看不出来么？"谭嗣同又说："可是荣禄有曹操、王莽的才干，也算是绝世枭雄，对付他并不容易。"袁世凯怒喝，表示诛杀荣禄不过像杀一条狗一样罢了。于是两个人商量了应对兵变的具体措施。

然而两天之后，袁世凯就赶回天津，向荣禄告密；荣禄立刻禀报慈禧太后。慈禧太后迅速发动政变，软禁光绪帝于中南海瀛台，并且发谕旨捉拿维新派。

谭嗣同得知消息后并没有慌乱，他首先考虑的是营救光绪帝。但是由于事发突然，实力悬殊，各种计划都失败了。于是他决心用自己的牺牲来做最后的反抗。他把自己的书信、文稿都交给梁启超，要他东渡日本避难，并且设法让康有为脱离险境，他愤慨地说："没有出走的人，就没有办法谋求将来的事，没有牺牲的人，就没有办法报答贤明君主。"他选择自我牺牲，等待被逮捕，他说："各国变法，没有不经过流血就成功的，现在中国没有听说因变法而流血牺牲的，这是国家不富强的原因。流血牺牲，就从我谭嗣同开始吧！"

九月二十四日，谭嗣同在浏阳会馆被捕。他在狱中写下著名诗句"我自横刀向天笑，去留肝胆两昆仑"。

九月二十八日，包括谭嗣同在内的六位维新派人士在北京宣武门外菜市口英勇就义。这六名为变法而牺牲的仁人志士被称为"戊戌六君子"。临终前，谭嗣同大声喊道："有心杀贼，无力回天，死得其所，快哉快哉！"

第十章

何为真正的强

　　本章阐述何为真正的强。以宽和、柔顺的态度来教人接受而不报复，这是南方之强。强劲，好斗，以武力胜人，这是北方之强。前者不及，后者过之。能做到和谐、平和，又不同流合污，保持中立而不偏不倚，才是真正的强。

"抑扬顿挫" 读原文

　　子路问强①。子曰："南方之强与？北方之强与？抑而强与②？宽柔以教，不报无道③，南方之强也，君子居之。衽金革④，死而不厌⑤，北方之强也，而强者居之。故君子和而不流⑥，强哉矫⑦！中立而不倚，强哉矫！国有道，不变塞焉⑧，强哉矫！国无道，至死不变，强哉矫！"

"字斟句酌" 查注释

　　① 子路：孔子的弟子，名仲由，字子路，又名季路。
　　② 抑：选择性连词，意为"还是"。而：代词，你。与：疑问语气词。
　　③ 报：报复。无道：强暴无理的人。

④ 衽（rèn）：卧席，这里作动词，躺卧。

⑤ 死而不厌：死也在所不惜。

⑥ 和而不流：与人和睦相处又不随波逐流。

⑦ 矫：通"趫（qiáo）"，强盛的样子。

⑧ 不变塞：不改变志向。塞，不通，穷困的境遇。

"古文今解" 看译文

子路问什么才算是强。孔子说："你问的是南方人的强呢，还是北方人的强呢，或者还是你以为的强呢？用宽容温柔的态度去教导人们，不报复蛮横无理的行为，这是南方人的强，君子就是这种强。经常枕着刀枪、穿着盔甲入睡，即使失去性命也不后悔，这是北方人的强，强悍的人守着这种强。所以，君子可以跟人和睦相处又不随波逐流，这才是真正的强！君子确立中道而不偏不倚，这才是真正的强！国家太平，政治清明时，君子不改变穷困时的操守，这才是真正的强！国家混乱，政治黑暗时，君子至死也不改变平生的气节，这才是真正的强！"

"诸子注说" 解经义

郑玄："强，勇者所好也。"又说："三者所以强者异也。"

朱熹："子路好勇，故问强。"

孔颖达："夫子将答子路之问，且先问子路，言强有多种，汝今所问，问何者之强，为南方，为北方，为中国，汝所能之强也。子路之强，行中国之强也。"

朱熹："宽柔以教，谓含容巽顺以诲人之不及也。不报无道，谓横逆之来，直受之而不报也。南方风气柔弱，故以含忍之力为强，君子之道也。北方风气刚劲，故以果敢之力胜人为强，强者之事也。"

郑玄："南方以舒缓为强。北方以刚猛为强。"

孔颖达："反问既竟，夫子遂为历解之。南方，谓荆阳之南，其地多阳。阳气舒散，人情宽缓和柔，假令人有无道加己，己亦不报，和柔为君子之道。北方沙漠之地，其地多阴。阴气褊急，故人生刚猛，恒好斗争，故以甲铠为席，寝宿于中，至死不厌，非君子所处，而强梁者居之。然唯云南北，不云东西者。郑冲云：'是必南北互举，盖与东西俗同，故不言也。'"

朱熹："国有道，不变未达之所守；国无道，不变平生之所守也。此则所谓中庸之不可能者，非有以自胜其人欲之私，不能择而守也。君子之强，孰大于是。夫子以是告子路者，所以抑其血气之刚，而进之以德义之勇也。"

"以史为鉴"读案例

仁义相待的王慧龙

王慧龙（390—440），字慧龙，太原晋阳（今山西太原）人，北魏名将。为司马德宗尚书仆射王愉之孙，散骑侍王缉之子。自幼聪慧，其祖父以为是诸孙之龙，遂起名慧龙。当初，刘裕处境窘迫，王愉对其傲慢不敬，后刘裕称帝，建立南朝宋政权，借故将王愉全家诛杀。王慧龙当年才十四岁，被沙门寺僧侣所隐藏而得救。王慧龙后渡江投奔其叔祖。

泰常二年（417），王慧龙回到北魏，请求南征。皇帝为之感动，拜其为洛城镇将。南朝宋将领刘义隆率军侵犯滑台，王慧龙领命征讨。双方交战激烈，王慧龙多次挫败对方进攻，相持五十余日。诸将认为敌军强大而心生畏惧，但王慧龙使用妙计击破敌军。后被提拔为龙骧将军，任命为荥阳太守。

王慧龙在荥阳十年，政绩卓著，震慑边远，百姓归顺的超过万户。

其后，刘义隆再度率军大举进攻，王慧龙力战，挫其锋芒。南朝宋又采取反间计，扬言王慧龙想要叛乱。北魏皇帝听到后说："必然不是这样的，这是敌人的诡计。"于是又赐王慧龙亲笔信说："义隆畏将军如虎，欲从中加害，我早已识破这种奸计。传闻中的话，想必是不足介意的。"

刘义隆见反间计失败，又生一计，派刺客吕玄伯暗杀王慧龙。吕玄伯假装前来投奔，并说有机密相报，要求王慧龙清退身边护卫。王慧龙当然感到怀疑，命令搜查吕玄伯，结果搜出了短刀。吕玄伯见事情败露，叩头请罪。王慧龙说："各为其主，这是可以理解的，我也不想加害于你。"下属说敌军野心勃勃，若是不杀了这个刺客，难免以后会出现什么意外。王慧龙说："人的生死由上天决定，谁又能把我怎么样呢？况且，我用仁义之心来对他，还有什么必要担忧呢？"当即就把吕玄伯放了。当时的人都敬佩王慧龙的宽仁。

后来，王慧龙遭到诬陷，抑郁而终。吕玄伯感激他的不杀之恩，终生留在王慧龙的墓边相守，不忍离去。

第十一章

固守正道，坚持初心

　　本章继续阐释中庸之道。把道理讲得非常隐僻，做出各种怪异行为，这些不符合中庸之道，也自然被人所不齿。走在正确道路上，走到一半又停止，这也是不被欣赏的。坚持中庸之道，不被名利困扰，这才是要去身体力行的。

"抑扬顿挫" 读原文

　　子曰："素隐行怪①，后世有述焉，吾弗为之矣②。君子遵道而行，半途而废，吾弗能已矣③。君子依乎中庸，遁世不见知而不悔④，唯圣者能之。"

"字斟句酌" 查注释

①素：应为"索"，探索、寻求。隐：隐僻。怪：怪异。

②弗：不。

③已：止，停止。

④遁世：避世隐居。见知：被知。

"古文今解"看译文

孔子说："故意追求隐僻的道理，做些怪异的事情，即使后代有人称颂这种事，我还是不会这样做的。君子按着正道去走，半途而废的事，是不干的。君子依从中庸之道，就算默默无闻而不被理解，也不懊悔，唯有圣人才能做得到。"

"诸子注说"解经义

朱熹："深求隐僻之理，而过为诡异之行也。然以其足以欺世而盗名，故后世或有称述之者。此知之过而不择乎善，行之过而不用其中，不当强而强者也，圣人岂为之哉！"

孔颖达："君子之人，初既遵循道德而行，当须行之终竟。今不能终竟，犹如人行於道路，半途而自休废。汲汲行道无休已也。"

朱熹："遵道而行，则能择乎善矣；半途而废，则力之不足也。此其知虽足以及之，而行有不逮，当强而不强者也。圣人于此，非勉焉而不敢废，盖至诚无息，自有所不容止也。"

郑玄："隐者当如此也。唯舜为能如此。"

朱熹："不为索隐行怪，则依乎中庸而已。不能半途而废，是以遁世不见知而不悔也。此中庸之成德，知之尽、仁之至、不赖勇而裕如者，正吾夫子之事，而犹不自居也。故曰唯圣者能之而已。"

"以史为鉴"读案例

许由洗耳颍水之滨

许由，传说为上古时期的一位隐士，大约生活在尧时代。关于他的故事，据皇甫谧《高士传》记载：许由，字武仲。尧听说了他的贤德之名后，多次向他请教，后来在选择继任者时，想把天下禅让给他，许由不愿接受，于是逃到了中岳颍水南岸，在箕山之下隐居起来。后来尧又找到了他，请求许由当九州官长的职务。许由不想被世俗名利所诱惑，就来到颍水之滨，以流注不息的河水清洗他被名禄之言玷污的耳朵，此时，有位叫巢父的人牵着牛犊到河边饮水，看见许由在洗耳朵，就问其原因。许由说："尧想让我做九州官长，我讨厌听到这种话，所以在这里清洗被名位之语污染了的耳朵。"巢父说："你如果隐居于高岸深谷之中，对人间的事端情形不了解，那么谁能看见你呢？你却心性不定，借故与世俗交游，想得到闻达而求得名誉，所以才有这种事啊。这里的水也不能用了，免得脏了我的牛犊的嘴。"于是牵着牛犊去上游饮水去了。许由听了巢父的话，深深反省，隐居到箕山深处去了。后来许由去世后就埋葬在这座山上，这座山从此名叫许由山。

　　许由淡泊名利的崇高节操赢得了后世的尊敬，他被尊奉为隐士的鼻祖。荀子称赞说："许由、善卷，重义轻利行显明。"

第十二章

广大而深微的君子之道

　　本章提出"费"和"隐"两个概念。"费"彰显道的普遍性以及用途的广泛性，"隐"彰显道的精密性和隐秘性。道是普遍的，普通人都可以学习。但是，要彻底了解，达到至高境界，又是另一回事了。道精微奥妙，无法用大小衡量；道隐秘无限，所以圣人也有所不知。

"抑扬顿挫"读原文

　　君子之道费而隐①。夫妇之愚②，可以与知焉③，及其至也，虽圣人亦有所不知焉。夫妇之不肖，可以能行焉，及其至也，虽圣人亦有所不能焉。天地之大也，人犹有所憾。故君子语大，天下莫能载焉；语小，天下莫能破焉④。《诗》云⑤："鸢飞戾天⑥，鱼跃于渊⑦。"言其上下察也⑧。君子之道，造端乎夫妇⑨，及其至也，察乎天地。

"字斟句酌"查注释

　　① 费：广大。隐：此指道的精微。

②夫妇：匹夫匹妇，此指普通男女。

③与：参与。

④破：分开。

⑤《诗》云：《诗经·大雅·旱麓》中说。

⑥鸢（yuān）：鹰。戾：到达。

⑦跃：跳动。渊：深水。

⑧察：昭著，明显。

⑨造端：开始。

"古文今解"看译文

　　君子遵循的中庸之道广大又精微。匹夫匹妇虽然愚昧，也可以知晓其中的浅近道理；但最高境界的道，就算是圣人也有不懂的东西。匹夫匹妇虽然没有德才，一般的道理也是能够实行的；但最高境界的道，即使圣人也有做不到的地方。天地如此之大，但人们仍有不满足的地方。所以，君子所信守的中庸之道，说它大，天下没有什么东西能够把它装载得了的；说它小，天下没有什么东西能够把它剖析得开的。《诗经·大雅·旱麓》中说："鸢鹰飞上高天，鱼儿跃在深渊。"这说的是坚持中庸之道的人能够明白地看清楚上上下下的事情。君子的中庸之道，开始于匹夫匹妇这样的小问题，粗浅容易明白，等到了最高境界，就能明白地看清楚天地间的道理。

"诸子注说"解经义

　　郑玄："言可隐之节也。费，犹佹也。道不费则仕。"

　　孔颖达："君子之人，遭值乱世，道德违费则隐而不仕。若道之不费，则当仕也。"

　　朱熹："道之用广，而其体则微密而不可见，所谓费而隐也。"

　　郑玄："匹夫匹妇愚耳，亦可以其与有所知，可以其能有所行者。

以其知行之极也，圣人有不能，如此舜好察迩言，由此故与。天地至大，无不覆载，人尚有所恨焉，况于圣人能尽备之乎。所说大事，谓先王之道也。所说小事，谓若愚、不肖夫妇之知行也。圣人尽兼行。"

朱熹："人所憾于天地，如覆载生成之偏，及寒暑灾祥之不得其正者。"

郑玄："圣人之德至于天，则'鸢飞戾天'；至于地，则'鱼跃于渊'，是其著明于天地也。"

孔颖达："圣人之德上至于天，则'鸢飞戾天'，是翱翔得所。圣人之德下至于地，则'鱼跃于渊'，是游泳得所。言圣人之德，上下明察。"

朱熹："子思引此诗以明化育流行，上下昭著，莫非此理之用，所谓费也。然其所以然者，则非见闻所及，所谓隐也。"

郑玄："夫妇，谓匹夫匹妇之所知、所行。"

孔颖达："君子行道，初始造立端绪，起于匹夫匹妇之所知所行者。虽起于匹夫匹妇所知所行，及其至极之时，明察于上下天地也。"

"以史为鉴"读案例

孔颖达的回答

孔颖达（574—648），字冲远，冀州衡水（今河北衡水）人。唐初经学家、秦王府十八学士之一，孔安之子，孔子世孙。八岁即开始学习，每天背诵经典千余言，及至长成，精通经典，还擅长算术历法。

武德九年（626），孔颖达被擢授国子博士。贞观初年（627），孔颖达被封为曲阜县男，转任给事中。当时唐太宗刚刚即位，留心各种政务；孔颖达多次进忠言因而备受亲待。一日，唐太宗问孔颖达："《论语》说'以能问于不能，以多问于寡，有若无，实若虚'是什么意思？"孔颖达解释道："圣人施行教化，目的是使人谦虚谨慎，虽然自己很有能力，也不能骄傲自满，仍要虚心向那些能力不如自己的人学习他们的长处。自己的才艺虽然很多，但人们总嫌少，仍然向才艺不多的人求教，以期所有进步。自己虽然'有'，但是表现出来的仍然是'无'的感觉；自己虽然很'充实'，但表现出来的却是'虚空'的状态。不仅平民百姓，帝王的品德也同样应该如此。帝王内心蕴藏着神机妙算的玄机智慧，但是神态上却显得沉默平静，让人感到深不可测、度不可知。正如《易经》说的'以蒙养正，以明夷莅众'。如果所处地位尊贵，却向别人炫耀自己，以自己的才华侮辱别人，又刻意掩盖自己的过失，听不进他人的劝告，那么，必然会造成上下之间的感情隔阂，情意背离。这样，君臣的情意不能相通，心意各不相同，不能同心同德，那么必将导致上下离心。古往今来，身死国灭的帝王无不因为这个原因。"

唐太宗非常赞赏孔颖达的解释。

第十三章

道在生活之中

　　道就在我们的生活中，它的基本条件是"不远人"。人人按照自己的本性行事，人人都可以做到知和行。比如，一条马路，大家都能走，如果设立很高的门槛，使得一部分人走不了，那就失去意义了。再比如，用斧子砍木制斧柄，应该砍成什么样，依照手里握着的斧柄就行，即应在近处着想。若砍木的人不看手里的斧柄，却斜着眼睛看别处，岂不错误了吗？所以，君子只要以近在于身的人道去待人，使人改过从道，那就行了，不必他求。

"抑扬顿挫" 读原文

　　子曰："道不远人。人之为道而远人，不可以为道。《诗》云①：'伐柯伐柯②，其则不远③。'执柯以伐柯，睨而视之④，犹以为远。故君子以人治人⑤，改而止。忠恕违道不远⑥，施诸己而不愿，亦勿施于人。君子之道四，丘未能一焉：所求乎子，以事父，未能也；所求乎臣，以事君，未能也；所求乎弟，以事兄，未能也；所求乎朋友，先施之，未能也。

庸德之行⑦，庸言之谨⑧，有所不足，不敢不勉，有余不敢尽。言顾行，行顾言，君子胡不慥慥尔⑨！"

"字斟句酌" 查注释

①《诗》云：《诗经·豳风·伐柯》中说。
②伐柯：砍削斧柄。柯，斧柄。
③则：法则，此处指斧柄的式样。
④睨（nì）：斜视。
⑤以人治人：以人固有之道来治理人。
⑥违道：离道。违，离。
⑦庸德：平常的道德。
⑧庸言：平常的言语。
⑨慥慥（zào）：忠厚诚实的样子。

"古文今解" 看译文

孔子说："中庸之道和人民是很亲近的。有人实行道却让道远离人们，那就不能说是中庸之道了。《诗经·豳风·伐柯》中说：用斧砍木头做斧柄，按手里的斧柄样式去砍就行，但如果斜着眼舍近求远，那就不对了。所以君子若能做到忠恕——尽己之心，推己及人，那就离中庸之道不远了，自己所不愿的事情，也别叫别人领受。君子之道有四条，我连其中一条也还没做好：我要求作为儿子的应该要怎样尽孝，可我未能完全这样地侍奉我的父亲；我要求作为臣子的应该要怎样尽忠，可我未能完全这样地侍奉我的君王；我要求作为弟弟的应该要怎样敬重兄长，可我未能完全这样地侍奉我的哥哥；我要求朋友应该要怎样讲求信义，可我未能首先去这样地对待朋友。日常道德方面的实践，日常言论方面的谨慎，做得有不足的地方，我不敢不勉力去弥补，做得有余裕的地方，我不敢认为到了尽头。言语要顾及行动，行动要顾及言语，君子怎能不老老实实地言行一致呢！"

"诸子注说" 解经义

郑玄："持柯以伐木，将以为柯近，以柯为尺寸之法，此法不远人，人尚远之，明为道不可以远。人有罪过，君子以人道治之，其人改则止，赦之，不责以人所不能。"

朱熹："人执柯伐木以为柯者，彼柯长短之法，在此柯耳。然犹有彼此之别，故伐者视之犹以为远也。若以人治人，则所以为人之道，各在当人之身，初无彼此之别。故君子之治人也，即以其人之道，还治其人之身。其人能改，即止不治。盖责之以其所能知能行，非欲其远人以为道也。张子所谓'以众人望人则易从'是也。"

郑玄："圣人而曰'我未能'，明人当勉之无已。"

朱熹："子、臣、弟、友，四字绝句。道不远人，凡己之所以责人者，皆道之所当然也，故反之以自责而自修焉。行者，践其实。谨者，择其可。德不足而勉，则行益力；言有余而讱，则谨益至。谨之至则言顾行矣；行之力则行顾言矣。君子之言行如此，岂不慥慥乎，赞美之也。凡此皆不远人以为道之事。张子所谓'以责人之心责己则尽道'是也。"

"以史为鉴" 读案例

孔子与颜回的辩论

颜回（前521—前481），曹姓，颜氏，名回，字子渊，鲁国都城（今山东曲阜）人，春秋末期鲁国思想家，孔门七十二贤之首。十三岁拜孔子为师，终生师事之，是孔子的得意门生。孔子对颜回称赞最多，赞其好学仁人。

有一天，颜回去街上办事，路过一家布店，看见很多人在围观，里面有争吵声。上前一打听，原来是卖布的和顾客在结账时就钱的多少产生了分歧。

只听见买布的人大喊："三八就是二十三，我为什么要给你二十四钱？"

颜回走到他们之间，先对买布的施礼，然后说："这位大哥，三八确实是二十四啊，怎么会二十三呢？你算错了，不要再争辩啦！"买布的更生气了，指着颜回说："谁让你来评理的？你才多大？你有什么资格对我说三道四？"

颜回问："那么谁来评理能让你信服呢？"买布的回答："那就只有博学多才的孔夫子了。我只信他！"

颜回笑道："那好。如果孔夫子评你错了怎么办呢？"

买布的说："那我就把我的脑袋给你！如果你错了呢？"

颜回说："评我错了，我就把我的帽子给你。"

两人互不相让，一起来找孔子。

孔子详细地了解了情况，笑着对颜回说："三八本来就是二十三！颜回，是你输了，把你的帽子给人吧。"

颜回心灰意冷，萌生去意，随即向孔子请假回家。孔子同意了他的请求，只是临别时嘱咐了他一句："千年古树莫存身，杀人不明勿动手。"颜回虽然不知道是怎么回事，但也听进去了。

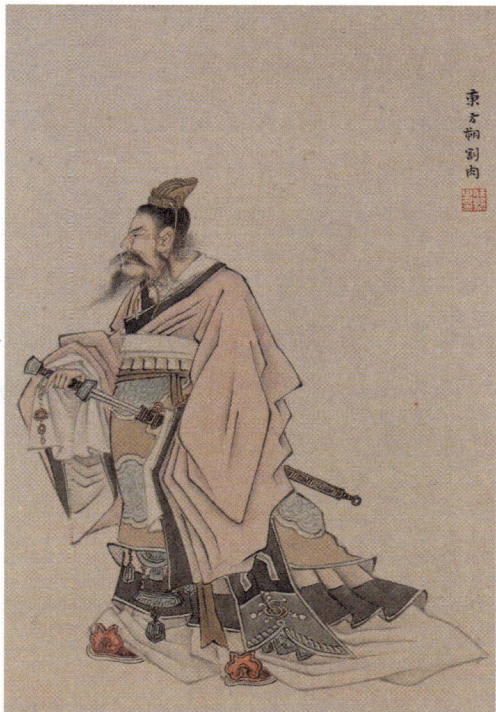

于是颜回往家走了，半路上，突然下起暴雨，颜回举目四望，一片旷野中只有一棵老树，大树中间有一个狭长的树洞，恰好容纳一个人存身。颜回就到这个树洞里躲雨，可他想到了孔子嘱咐的"千年古树莫存身"，就半信半疑地从树洞里钻了出来，继续往前走。走出去没多远，忽然身后一声巨响，那棵古树被雷劈得粉碎！颜回大惊，加快步伐往家赶。

颜回终于到家了，此时已是深更半夜。他没有惊扰家人，自己用随身携带的长剑拨开门闩走了进去。到了妻子的房间，他摸了摸床上的人，居然有两个人在睡觉！颜回本就心情不好，顿时大怒，挥起宝剑就要砍下去，这时想到老师的另一句话"杀人不明勿动手"，于是放下宝剑，点起蜡烛往床头照去，原来是妻子和自己的妹妹。颜回当下又转身出去，悄悄地离开了家。

后来颜回回到了孔子身边，见到老师便拜："您给我的箴言，救了我、我妻子和我妹妹三条人命啊！请问您是怎么预见到的？"孔子扶颜回起身，笑着说："你走的时候天气阴沉，很快便有雷雨，所以嘱咐你'千年古树莫存身'。我知道你走的时候心情不好，身上又带着剑，怕你在气头上乱杀人，所以嘱咐你'杀人不明勿动手'。"

孔子又说："我知道你因为买布算数的事情不满，可你想一想，我判你输，你只是输了一顶帽子，如果判你赢，那对方输掉的可是一条人命！你说我该怎么判呢？"颜回恍然大悟，再次拜孔子，从此之后再也没有离开过自己的老师。

第十四章

君子随遇而安

　　人生下来有先天条件，且自己无法安排。有的人生来富贵，有的人生来贫贱。无论条件如何，都要做好自己的事情。生来富贵的，不欺负穷人，不攀附权贵，这样就不会遭到嫉妒和怨恨。生来贫穷的，不自怨自艾，不唉声叹气，一如既往地做好自己的事情，这才是君子。

"抑扬顿挫"读原文

　　君子素其位而行①，不愿乎其外②。素富贵，行乎富贵；素贫贱，行乎贫贱；素夷狄③，行乎夷狄；素患难，行乎患难。君子无入而不自得焉④。在上位，不陵下⑤；在下位，不援上⑥。正己而不求于人，则无怨。上不怨天，下不尤人⑦。故君子居易以俟命⑧，小人行险以徼幸⑨。子曰："射有似乎君子⑩，失诸正鹄⑪，反求诸其身。"

"字斟句酌"查注释

　　① 素：平素，现在的意思，此处当动词用。

② 愿：羡慕。

③ 夷：东方的部族。狄：西方的部族。夷狄，泛指当时的少数民族。

④ 无入：无论处于什么情况下。

⑤ 陵：欺侮。

⑥ 援：攀缘，本指抓着东西往上爬，引申为投靠有势力的人。

⑦ 尤：抱怨。

⑧ 居易：居于平易安全的境地，也就是安于现状的意思。俟（sì）命：等待天命。

⑨ 行险：冒险。

⑩ 射：射箭。

⑪ 正鹄（gǔ）：箭靶子中心的圆圈，画在布上的叫作"正"，画在皮上的叫作"鹄"。

"古文今解"看译文

　　君子遵循自己现在所处的位置做事，不羡慕超出地位以外的事情。处在富贵的地位，就做富贵地位上该做的事；处在贫穷卑微的状况下，就做贫穷卑微状况下该做的事；处在少数族的地位，就做少数族地位该做的事；处在忧患灾难之中，就做忧患灾难中该做的事。君子无论处于什么情况下都会感到悠然自得。君子身在上位，不欺侮压迫下面的人；身居下位，不攀缘、巴结在上面的人。端正自己而不乞求于人，那就无所抱怨了。上不怨怼天命，下不责怪别人。所以，君子安于现状来等待天命，小人则冒险来妄求不应该获取的东西。孔子说："射箭的道理与君子端正自己的行为有类似的地方，射不中靶子，别怪靶子不正，要检视自身技艺上的失误。"

"诸子注说"解经义

　　孔颖达："向其所居之位，而行其所行之事，不愿行在位外之事。《论语》云：'君子思不出其位也。'"

朱熹："君子但因见在所居之位而为其所当为，无慕乎其外之心也。"

孔颖达："乡富贵之中，行道于富贵，谓不骄、不淫也。乡贫贱之中，则行道于贫贱，谓不谄、不慑也。乡夷狄之中，行道于夷狄，夷狄虽陋，虽随其俗而守道不改。乡患难之中，行道患难，而临危不倾，守死于善道也。"

朱熹："素其位而行也。"

孔颖达："君子以道自处，恒居平安之中，以听待天命也。小人以恶自居，恒行险难倾危之事，以徼求荣幸之道。《论语》曰：'不仁者，不可以久处约'是也。"

郑玄："反求于其身，不以怨人。"

孔颖达："凡人之射，有似乎君子之道。射者失于正鹄，谓矢不中正鹄。不责他人，反乡自责其身，言君子之人，失道于外，亦反自责于己。"

朱熹："画布曰正，栖皮曰鹄，皆侯之中，射之的也。"

"以史为鉴" 读案例

苟利国家生死以的林则徐

林则徐（1785—1850），字元抚，又字少穆、石麟，晚号俟村老人、俟村退叟、七十二峰退叟、瓶泉居士等，福建侯官县（今福建福州市区西部和闽侯县西北部地区）人，清代后期政治家、文学家、思想家，民族英雄。天资聪颖，四岁即上私塾，十四岁中秀才，二十岁中举人，二十七岁中进士，到京城做官。

林则徐整理研究前人的著作，提出在华北地区兴修水利，种植水稻，解决粮食问题。外放浙江期间，又修建海塘，整顿盐政，禁绝鸦片，深受道光帝信任。

清政府长期的闭关锁国政策，导致中国和西方的差距越来越大。道光年间，西方资本主义已经十分兴盛。英国为了打开中国大门，纵容英国鸦片商贩把鸦片运到中国。大量中国民众吸食鸦片，中国白银大量外流，人民的身心健康和劳动群众的利益，甚至朝廷的统治都受到威胁，于是道光帝决心严禁鸦片。道光十八年（1838），湖广总督林则徐提出六条禁烟措施，并率先在湖广实施。他认为，如果不重视鸦片问题，几十年后"中原几无可以御敌之兵，且无可以充饷之银"。同年十一月，他受命出任钦差大臣，前往广东开展禁烟运动。

到了广州，林则徐立刻采取措施查封烟馆货船，收缴鸦片，并说："若鸦片一日不绝，本大臣一日不回，誓与此事相始终，断无中止之理。"三十四天后，收缴鸦片二百三十七万斤。林则徐下令在虎门将鸦片公开销毁，令人将鸦片放入两个大池子里，池中放入卤水，鸦片浸泡半日之后，再加上生石灰，生石灰将水全部煮沸，鸦片就被销毁了。前后共经历二十二天，才把缴获的鸦片全部销毁。这就是虎门销烟。

然而，鸦片战争爆发，清政府战败，签下丧权辱国的《南京条约》。道光帝革了林则徐的职，将他发配新疆伊犁充军。愤怒至极的林则徐在西安与家人分别时为抒发自己的爱国情感，留下了"苟利国家生死以，岂因祸福避趋之"的名句。

从最初的起点开始

中庸讲的是平常的道理，融合于人们的日常生活。社会由无数个家庭组成，要让中庸之道实行，首先要让家庭和顺。家庭要想美满，要做到夫妻和睦，兄弟融洽，父母健康，这样才能让家庭和谐。如果家庭中总有争吵，即便富贵也不会太平。

"抑扬顿挫" 读原文

君子之道，辟如行远必自迩①，辟如登高必自卑②。《诗》曰③："妻子好合④，如鼓瑟琴⑤。兄弟既翕⑥，和乐且耽⑦。宜尔室家⑧，乐尔妻帑⑨。"子曰："父母其顺矣乎！"

"字斟句酌" 查注释

①辟：通"譬"。迩：近。

②卑：低处。

③《诗》曰：《诗经·小雅·常棣》中说。

④ 好合：和睦。

⑤ 鼓：弹奏，演奏。

⑥ 翕（xī）：和顺，融洽。

⑦ 耽：《诗经》作"湛"，安乐。

⑧ 宜：安。

⑨ 帑（nú）：古同"孥"，子孙。

"古文今解"看译文

实行君子之道，就好像是去远方，一定要从近的地方出发；就好像登高，一定要从低处起步。《诗经·小雅·棠棣》中说："和妻子儿女相好和睦，就好像是鼓瑟弹琴那样和谐。兄弟们聚在一起，和美快乐而且情谊深厚。安排好你的家里，热爱你的妻子儿女。"孔子说："这样，父母多么顺心啊！"

"诸子注说"解经义

郑玄："行之以近者、卑者，始以渐致之高远。"

孔颖达："行之以远者近之始，升之以高者卑之始，言以渐至高远。不云近者远始，卑者高始，但勤行其道于身，然后能被于物，而可谓之高远耳。"

孔颖达："行道之法自近始，犹如诗人之所云，欲和远人，先和其妻子兄弟，故云妻子好合，情意相得，如似鼓弹瑟与琴，音声相和也。兄弟尽皆翕合，情意和乐且复耽之。耽之者，是相好之甚也。宜善尔之室家，爱乐尔之妻帑。"

朱熹："夫子诵此诗而赞之曰：人能和于妻子，宜于兄弟如此，则父母其安乐之矣。子思引《诗》及此语，以明行远自迩、登高自卑之意。"

"以史为鉴"读案例

纪昌学射

　　纪昌是我国寓言故事里的人物。据说他从小就想学习射箭，希望自己能成为一名百发百中的神箭手，可是一直没有机会向名师学习。直到成年娶妻后，才有机会结识神射手飞卫，并且拜他为师。

　　纪昌急于求成，希望飞卫直接把射箭的全部本领一下子都教给他，恨不得一下子学成。可是飞卫却对他说："你要想学会射箭，首先得练就看东西不眨眼的本领。你先回去练习吧，练好了再来找我，然后我们再说射箭的事情。"

　　纪昌回去想尽各种办法练习。首先看静止的东西，远方的山川，近端的树木，天上的白云，夜晚的繁星，各种颜色各异的物品。很快，他就能做到无论看多长时间都不眨眼睛了。

　　接下来纪昌开始练习看动态的东西，天上的飞鸟，地上的走兽，练到任何东西从他眼前快速走过都不会令他眨眼，即使有人突然在他面前吓唬他，他也能做到不眨眼。

　　这一天他回家，看见妻子在织布，注意到织布机上有很多密密麻麻的锥刺，在众多的线之间，随着妻子脚上的不停踩踏和手上的舞动，似乎在不断地翻飞晃动。于是他灵

机一动，仰面躺倒在妻子的织布机下，用眼睛由下向上注视着织布机上成排的锥刺，练习不眨眼。就这样练习了两年，两年后，即便有人用针刺他的睫毛，他也不会眨一下眼睛。

纪昌兴冲冲地去找飞卫，把自己的练习情况汇报给他，心想这次终于可以学习射箭了。谁知道飞卫却说："仅仅这样还不够，你还要学会视物才行。要练到看极小的物体也能像看大东西一样清晰，看细微的东西像显著的物体一样容易，你还是回去继续练习，练好了之后再来找我吧。"纪昌又回家去了。

他抓到一只虱子，又从牛尾巴上面拔了一根毛，用牛尾巴的毛把虱子系住悬挂在朝南面的窗口，他每天在屋子里坐很长时间，总是远远看着这只虱子。十天过后，他渐渐感觉虱子比以前大了；三年过后，他感觉自己每天看到的那只虱子，居然已经有车轮那么大了。他再转过头看其他东西，都像看山丘那样巨大。

从这天起，飞卫才开始认真细致地教纪昌如何拉弓，如何射箭。

后来，纪昌成功了，成了百发百中的神箭手。

第十六章

对大自然的敬畏

　　本章通过鬼神阐释道。道无所不在，真实无妄，我们要用诚心去面对它。自然有知，天地可鉴，为了人类的兴旺发达，我们与自然融合，希望与大自然和谐共处，一起走向和谐的未来。

📖 "抑扬顿挫" 读原文

　　子曰："鬼神之为德①，其盛矣乎！视之而弗见，听之而弗闻，体物而不可遗②。使天下之人，齐明盛服③，以承祭祀，洋洋乎④，如在其上，如在其左右。《诗》曰⑤：'神之格思⑥，不可度思⑦，矧可射思⑧。'夫微之显⑨，诚之不可掩如此夫⑩！"

📖 "字斟句酌" 查注释

　　① 鬼神：已故祖先的魂灵，具有一定神通能力，在一定程度上干预世间事件发展进程，影响人类命运的神灵。鬼就是"归"，归属，回归的意思。古代人迷信，认为人死了之后灵魂还在，称为鬼。神，就是神祇，古代神话及宗教

中传说的超乎自然、主宰物质世界的精灵。

②体物：体察、生养万物。

③齐：通"斋"，斋戒。明：洁净。盛服：盛装。

④洋洋：浩大流动的样子。

⑤《诗》曰：《诗经·大雅·抑》中说。

⑥格思：来临。思是语气词。

⑦度（duó）：揣度，猜测。

⑧矧（shěn）：况且。射（yì）：《诗经》中作"斁"，厌，指厌怠不敬。

⑨微之显：指鬼神之事隐蔽又明显。

⑩掩：掩盖，遮掩。

"古文今解" 看译文

孔子说："鬼神做出的功德，那真是盛大恢宏啊！虽然人们看不见它，听不见它，但它生养万物，而不会遗漏万物。它使天下的人们，岁时斋戒，把庄严的礼服整整齐齐地穿戴好，来侍奉祭祀它。祭祀的时候，它好像在人们的上方，又好像在人们的左右；充盈流动，无处不在。《诗经·大雅·抑》中说：'神的降临，不可揣测，怎能对它厌怠不敬呢！'鬼神从情状隐微而至功德显著，其诚信是这样的不可掩盖呀！"

"诸子注说" 解经义

程子："鬼神，天地之功用，而造化之迹也。"

朱熹："以二气言，则鬼者阴之灵也，神者阳之灵也。以一气言，则至而伸者为神，反而归者为鬼，其实一物而已。为德，犹言性情功效。"

郑玄："体，犹生也；可，犹所也。不有所遗，言万物无不以鬼神之气生也。"

朱熹："鬼神无形与声，然物之终始，莫非阴阳合散之所为，是其为物之体，而物所不能遗也。其言体物，犹易所谓干事。"

孔颖达：“鬼神能生养万物，故天下之人斋戒明絜，盛饰徐服以承祭祀。鬼神之形状，人想象之，如在人之上，如在人之左右，想见其形也。”

孔颖达：“鬼神之状微昧不见，而精灵与人为吉凶，是从微之显也。鬼神诚信，不可掩蔽。善者必降之以福，恶者必降之以祸。”

朱熹：“阴阳合散，无非实者。故其发见之不可掩如此。”

"以史为鉴"读案例

王荐哭瓜

王荐，字希贤，元代福建福宁（今福建霞浦县）人，著名的孝子。

王荐的父亲生了很严重的病，王荐夜晚向上天祈祷，愿缩短自己的寿命来增加父亲的寿命。王父咽气后又苏醒过来，告诉围在身边的亲友说："刚才有位神仙，穿着黄衣服，戴着红头巾，我恍恍惚惚中听到他对我说：'你的儿子很孝顺，上天命令再赐给你十二年寿命。'"王父醒来后病就好了，果然又活了十二年。有一年冬天，王荐的母亲沈氏告诉王荐说："我很想吃瓜，哪里能找到呢？"当时正是寒冬，王荐四处询问，但是谁家都没有瓜。买不到瓜，王荐心中不安，便去荒山野岭中寻找野生瓜果。当他走到山岭上时，大雪

纷飞，道路被积雪覆盖，无法前进。他倚着大树躲避风雪，想起母亲，不禁悲从中来，面对苍天痛哭不已。忽然，他看见山上的岩石上有一株绿色的瓜秧缓缓地垂挂下来，藤蔓上长着两个新鲜的瓜。他异常惊讶，于是摘下这两个瓜，回家敬奉给母亲。母亲吃了这两个瓜，心满意足。

崇高之人的德行

本章重点阐述孝道，并以舜作为榜样进行讲解。孝是最基本的德行，儒家认为推行孝于天下就是为政。作者突出了道德的至上性，但并没有将权力、名禄、财富、长寿等世俗人所追求的东西排除，只不过将之和德行联系在了一起。

"抑扬顿挫"读原文

子曰："舜其大孝也与！德为圣人，尊为天子，富有四海之内，宗庙飨之①，子孙保之。故大德，必得其位，必得其禄，必得其名，必得其寿。故天之生物，必因其材而笃焉②。故栽者培之，倾者覆之。《诗》曰③：'嘉乐君子④，宪宪令德⑤。宜民宜人，受禄于天。保佑命之，自天申之。'故大德者，必受命。"

"字斟句酌"查注释

① 宗庙：古代天子、诸侯祭祀先王的地方。飨（xiǎng）：一种祭祀形式。之：代词，指舜。

② 材：资质，本质。笃：厚，增益。

③《诗》曰：《诗经·大雅·假乐》中说。

④ 嘉乐：今本《诗经》作"假乐"。假（xiá），意为美善。

⑤ 宪宪：今本《诗经》作"显显"。显显，显明兴盛的样子。令德：美好的德行。

"古文今解" 看译文

孔子说："舜是大孝之人啊！论道德品行他是圣人，论尊贵的地位他是天子，论财富他据有整个天下，后世在宗庙祭祀他，子孙后代祭祀他。所以有大德的人，必定得到与之相称的地位，必定得到与之相称的利禄，必定得到与之相称的声名，必定得到与之相称的寿数。所以天生万物，必定依照万物各自的材质来增益之。比如上天对待树木，已栽植的，就加以培溉；材质不好的，就让其倾倒覆灭。《诗经·大雅·假乐》中说：'善良快乐的君子，彰显美好的德行。安顿百姓，领导天下众人，上天赐给他福禄。上天保佑他并将天命传给他。上天必绵延其福祉，以至于无穷。'所以说，有大德的人一定能秉受天命。"

"诸子注说" 解经义

郑玄："以其德大能覆养天下，故'必得其位'。如孔子有大德而无其位，以不应王录，虽有大德，而无其位也。《援神契》云：'丘为制法，上黑绿，不代苍黄。'言孔子黑龙之精，不合代周家木德之苍也。《演孔图》又云'圣人不空生，必有所制以显天心，丘为木铎制天下法'是也。"

郑玄："善者天厚其福，恶者天厚其毒，皆由其本而为之。"

孔颖达："天之所生，随物质性而厚之。善者因厚其福，舜、禹是也；恶者因厚其毒，桀、纣是也。故四凶黜而舜受禅也。道德自能丰殖，则天因而培益之。若无德自取倾危者，天亦因而覆败之也。"

朱熹："气至而滋息为'培'，气反而游散则'覆'。"

孔颖达："诗人言善乐君子，此成王宪宪然，有令善之德。"

朱熹："'受命'者，受天命为天子也。"

"以史为鉴"读案例

秦穆公宽仁得贤

秦穆公（？—前621），嬴姓，赵氏，名任好，雍城（今陕西宝鸡凤翔区南郊）人。春秋时期政治家，秦国第九位国君，"春秋五霸"之一。秦穆公任用贤才，为政宽厚，所以秦国国力强盛。

秦穆公娶了晋献公的女儿，陪嫁的奴仆中有个叫百里奚的，在半路上跑了。秦穆公听闻他很有才能，就到处寻访他。百里奚在楚国边境被当作奸细抓住，他说自己是给富人家看牛的；楚国人看他相貌老实，年龄也不小，就让他在楚国看牛。因为他把牛养得膘肥体壮，楚成王又让他去南海养马。

后来秦穆公终于打探到百里奚的下落，就准备厚礼，想要派人去请楚成王把百里奚送回秦国来。公孙枝连忙劝阻说："这可使不得啊！楚国人让百里奚养马，就是因为不知道此人的贤德。您现在用重金去换他，这不是直接

告诉楚王百里奚的价值吗？您觉得楚成王会放百里奚回来吗？"

于是，秦穆公就按照普通奴仆的价格准备了五张羊皮，派使者到楚国去。使者见到楚成王后，说："我国有一个奴隶叫百里奚，犯了罪之后逃走了，据说现在在贵国，请求您允许我们把这个奴隶带回国去。"说着奉上了五张黑色的上等羊皮，作为赎金。楚成王想都没想，就把百里奚装上囚车，交给秦国使者带了回去。

百里奚一到秦国就被送到秦穆公前。秦穆公一看，自己心心念念的人才居然是个年逾古稀的老头，不由地念叨了一句："可惜啊，年纪太大了。"百里奚一听，立刻回答："大王，您要让我追天上的飞鸟，活捉山林中的猛兽，那我确实太老了；但您让我讨论国家大事，那我可不算老。"

秦穆公听到这里，立刻对百里奚肃然起敬，当即向他请教使国家强盛的办法。百里奚提出，秦国的位置进可攻，退可守，应该利用有利地形发展军事力量。一番交谈后，秦穆公发现百里奚是不可多得的人才，就要封他为上卿。百里奚却连忙摆手，他推荐自己的好朋友蹇叔，说此人才能超过自己，应该封他为上卿。秦穆公一听还有比百里奚更优秀的人才，连忙派使者带着重金，到蹇叔隐居的地方请他出山。蹇叔为了让自己的好朋友百里奚安心在秦国辅政，就跟着使者来到了秦国。

百里奚又向秦穆公推荐蹇叔的儿子西乞术、白乙丙。没多久，百里奚的儿子孟明也投奔秦国。之后，这三人都成为秦国名将。

第十八章

宗庙祭祀的礼法

本章从三个层次阐述。首先，从舜讲到周朝，认为周朝先王积累了仁德，文王尤为突出；其次，讲到武王，他以武力得到天下，获得了荣耀、权力和财富；最后，讲了周公，周公成就了文王、武王的事业，制作礼乐，推广至天下。

"抑扬顿挫" 读原文

子曰："无忧者，其惟文王乎①！以王季为父②，以武王为子③；父作之④，子述之⑤。武王缵大王、王季、文王之绪⑥，壹戎衣而有天下⑦。身不失天下之显名，尊为天子，富有四海之内，宗庙飨之，子孙保之。武王末受命⑧，周公成文武之德⑨，追王大王、王季⑩，上祀先公以天子之礼。斯礼也，达乎诸侯、大夫及士、庶人。父为大夫，子为士，葬以大夫，祭以士。父为士，子为大夫，葬以士，祭以大夫。期之丧⑪，达乎大夫。三年之丧，达乎天子。父母之丧，无贵贱，一也。"

![字斟句酌 查注释]

① 文王：周文王姬昌。

② 王季：周文王的父亲，名季历，周武王即位，封为王季。

③ 武王：周文王的儿子姬发。

④ 作：创业。

⑤ 述：继承。

⑥ 缵（zuǎn）：继续。大王：太王，即王季的父亲古公亶父。绪：事业。

⑦ 壹戎衣：依朱注，是指武王一穿上戎衣（甲胄）以讨伐商纣。

⑧ 末：晚年。

⑨ 周公：周武王的弟弟姬旦。他辅佐武王伐纣。

⑩ 追王：追尊……为王。

⑪ 期（jī）之丧：一年的守丧之期。

![古文今解 看译文]

孔子说："没有烦恼的人，那只有周文王了吧！他有王季做父亲，有武王做儿子，父亲开创了基业，儿子继承了事业。武王继承太王、王季、文王的功德基业，一穿上战袍讨伐商纣王，就拥有天下。武王本身没有失去显赫天子的美名，论尊贵，他做了天子，论财富，拥有四海之内的疆土，后世建宗庙祭奉他，子孙后代永保祭祀不绝。武王晚年才接受天命，等到周公的时候，方始完成文王、武王的功德业绩，追尊太王、王季为王，又用天子之礼上祭历代祖先，并将这种追祭礼制，推行到诸侯、大夫以及士人与平民中。同时规定，如果父亲身为大夫，儿子身为士，父亲死后，应用大夫礼安葬，用士礼祭祀；如果父亲身为士，儿子身为大夫，父亲死后，就用士礼安葬，用大夫礼祭祀。服丧一周年的丧制，从平民、士通行到大夫为止，因为诸侯、天子不为旁亲服丧。服丧三年的丧制，从下一直通行到天子。为父母服丧，不论身份贵贱，服期都是一样的。"

"诸子注说"解经义

郑玄："圣人以立法度为大事，子能述成之，则何忧乎？尧、舜之父子则有凶顽，禹、汤之父子则寡令闻。父子相成，唯有文王。"

朱熹："此言文王之事。书言'王季其勤王家'，盖其所作，亦积功累仁之事也。"

朱熹："上祀先公以天子之礼，又推大王。王季之意，以及于无穷也。制为礼法，以及天下，使葬用死者之爵，祭用生者之禄。丧服自期以下，诸侯绝；大夫降；而父母之丧，上下同之，推己以及人也。"

"以史为鉴"读案例

命运与灵魂同在

裴潾（？—838），河东道绛州闻喜县（今山西运城闻喜县）人。工隶书，以门荫入仕，官至兵部侍郎、集贤院学士判院事。曾上疏反对以内官充馆驿使，又主张勿用药术之士。

唐宪宗被方术之士蛊惑，让柳泌炼制丹药，以求长生不老。柳泌进献的丹药是温中理气的药物，导致唐宪宗出现心情烦躁、口渴的情况。

裴潾劝谏说："消除天下弊害的人，就能永远享受天下的利益。愿与天下人共乐的人，就能长久享受天下安乐的福祉。因此，黄帝、颛顼、帝喾、尧、舜、禹、汤、文、武，全都以自己的盖世功勋德泽拯救天下苍生，因而上天就回报他们享有长寿之福，并且使他们声名永远流传不朽。陛下倡导以孝道敬祭宗庙，以仁德抚养百姓，除凶平暴，而致太平，敬贤重士，礼遇终始。神圣的功烈和至圣的美德，前无古人。陛下诚能躬行不辍，那么天地祖宗都会庇佑您，使您受到亿万百姓的爱戴。而今方术之士如韦山甫、柳泌之流借丹术自命为神奇，并相互吹捧引荐，诡称为陛下延长寿命。我认为凡是有道行的人，都会隐姓埋名，不求为世所知，哪肯主动巴结权贵，出卖自己的技艺？现在这些人之所以围在您身边，并非胸有道术，而是为了给自己谋求利益。他们自我吹捧炼的丹药具有神奇效果，是为了谋求权力。一旦骗局败露，就会立刻逃跑。这种人的医术，陛下能相信吗？这种人炼制出的丹药，您难道可以服用吗？……况且他们炼制出的所谓的丹药，多由性质酷烈的金石等物，经过长时间烧炼而制成，所含的有毒物质谁也不清楚有多少，所引发的症状并不是容易控制和化解的。秦汉很多帝王都相信方术之士，如卢生、徐福、栾大、李少君之流，都是行诈使骗之徒，什么事都没做成。他们的事情在史书中都可以找到。……因此，陛下今后要服用的药，就让大臣先尝试，以一年时间为限，就可以见出真假。"

然而唐宪宗根本不听劝，直接把裴潾贬谪到江陵。

第十九章

孝的最高境界

这一章仍然沿着之前的脉络，讲述孝道，认为文王、武王是大孝。孝最重要的特点是继承先人志向，把他们的遗志发扬下去。和前文不同的是，本章突出了祭祀礼乐。

"抑扬顿挫" 读原文

子曰："武王、周公其达孝矣乎①！夫孝者，善继人之志，善述人之事者也。春秋修其祖庙②，陈其宗器③，设其裳衣④，荐其时食⑤。宗庙之礼，所以序昭穆也⑥；序爵⑦，所以辨贵贱也；序事⑧，所以辨贤也；旅酬下为上⑨，所以逮贱也⑩；燕毛⑪，所以序齿也。践其位，行其礼，奏其乐，敬其所尊，爱其所亲，事死如事生，事亡如事存，孝之至也。郊社之礼，所以事上帝也。宗庙之礼，所以祀乎其先也。明乎郊社之礼、禘尝之义⑫，治国其如示诸掌乎⑬！"

"字斟句酌" 查注释

① 达孝：达到了孝的最高标准。

② 春秋：春季与秋季，此处指祭祀祖先的季节。

③ 陈其宗器：陈列先世所藏的重器。

④ 裳衣：先祖遗留下来的衣服。

⑤ 荐其时食：进献时令食品。

⑥ 昭穆：宗庙中神主排列的次序，一般始祖居中，以下父子按左昭右穆顺序排列。

⑦ 序爵：依照爵位高低排列。通常以公、侯、卿、大夫四等排列先后。

⑧ 序事：依照担任的职务排列先后次序。

⑨ 旅酬：众人举杯劝酒。旅，众。酬，以酒相劝。

⑩ 逮（dài）贱：祖先的恩惠下达到卑贱者。

⑪ 燕毛：宴饮时，依照毛发的颜色区分长幼的次序。燕，通"宴"。

⑫ 禘（dì）尝：此代指四时祭祀。禘，天子宗庙举行的隆重祭礼。尝，秋祭。

⑬ 示诸掌：看放置在手掌上的东西，指容易看见。示，通"视"。

"古文今解" 看译文

孔子说："周武王和周公，大概是最孝的人了吧！这种孝，指的是善于继承祖先的遗志，善于发扬先人的事业。每当春秋季节，整修祖庙陈列祭器，摆设先人的衣裳，供奉时令食物。宗庙中的祭礼，是用来按次序排列左昭右穆各个辈分的；序列爵位，是用来辨别身份尊贵卑贱的；安排祭中各种职事，是用来辨别子孙才能的；祭后众人轮流酬酒，最卑幼者举杯于稍尊长于自己的，自己先饮一杯，然后倒酒劝饮，这样自下而上地递相劝酬，是将情意、恩惠施及地位卑下者的身上；祭毕的宴饮依照头发的颜色而定座次，是用以排列年龄大小的。站在昔日祖先行祭时的位置上，举行祖先之礼，奏起祖先之乐，敬祖先所尊敬的人，爱祖先所爱的人，侍奉死者如同侍奉生者一样，侍奉去世的先人如同侍奉在世的长辈一样，这就是孝敬的最高境界。祭祀天地的礼节，是用来侍奉上天的。宗庙中的礼节，是用来祭祀自己祖先的。明白了祭天祭地的礼节，懂得了四时进行的禘尝诸祭的意义，那么，治理国家就如同观看掌中事物一样的清楚容易了。"

"诸子注说" 解经义

朱熹："祖庙，天子七，诸侯五，大夫三，适士二，官师一；宗器，先世所藏之重器，若周之赤刀、大训、天球、河图之属也；裳衣，先祖之遗衣服，祭则设之以授尸也；时食，四时之食，各有其物，如春行羔、豚、膳、膏、香之类是也。"

孔颖达："若昭与昭齿，穆与穆齿是也。祭祀之时，公、卿、大夫各以其爵位齿列而助祭祀，是'辨贵贱'也。"

朱熹："有事于太庙，则子姓、兄弟、群昭、群穆咸在而不失其伦焉。爵，公、侯、卿、大夫也。事，宗祝有司之职事也。盖宗庙之中以有事为荣，故逮及贱者，使亦得以申其敬也。"

郑玄："孝子升其先祖之位，行祭祀之礼也。"

朱熹："四时皆祭，举其一耳。礼必有义，对举之，互文也。"

"以史为鉴" 读案例

舜帝至孝至圣

舜是传说中父系氏族社会后期的部落联盟领袖。姚姓，虞氏，名重华，史称"虞舜"，"三皇五帝"之一。

舜的眼睛里各有两个瞳子，得名重华。因为生在姚地，也称姚舜。舜作为颛顼后裔，已经五世为庶人，处于社会下层，生活艰苦。舜出生不久生母就去世了，父亲瞽叟是个盲人，而且性格执拗。后来舜父又娶了壬女为妻，壬女虐待舜，后壬女又生了男孩取名象、女孩取名敤手，于是对舜更加残酷了。

舜每天都要放牛羊，挖野菜，打猪草，煮饭，还要照看弟妹，伺候父亲和继母。但是继母壬女对舜又打又骂，一心要把舜赶出家门。眼睛看不见的父亲一方面听信壬女的挑拨，一方面把注意力集中到小儿子象身上，对舜越来越厌恶。一天天长大的象也对他同父异母的哥哥舜更加仇恨。舜在家中看着弟弟妹妹吃饱喝足，自己只能饿着肚子，然而不论继母如何对他，他始终恭敬相待。

有一年冬天，天气很冷，舜身上只穿着两件单衣，冻得瑟瑟发抖。邻居家有位老汉实在是看不下去了，就出面干涉，希望舜家里让舜去读书。但家中坚持要求舜去放牛，好在教书先生善良，在邻居的帮助下，舜边放牛边学习。

这年过了残冬，舜十六岁了，他生得体格高大，看上去就像成年人一样，继母规定他必须一天到晚都在田里耕作，连午饭都不能回去吃。有人问他为什么不回去吃午饭，他回答说："农家以节俭为本，一天吃两餐也够了，何必要吃三餐？"他渐渐受到当地人的尊重，但在自己家依然经常无缘无故地被扫地出门。

逐渐，舜的仁善和孝心传播开来，受到邻里的交相称赞。大家都认为舜很有德行，纷纷效仿他。他的名声越传越广，最后传到了尧帝那里。尧正在选择天下的继承人，决定仔细考察一下舜的为人和各方面能力。

后来，舜娶了尧的两个美丽的女儿为妻，生活美满。舜更辛勤地劳作了，家里的粮仓粮食一天比一天多，圈里的牛羊一天比一天壮，他还想念父母。于是，他带着两个妻子，拿着很多礼物，回家看望父母和弟弟妹妹。可没承想，继母和弟弟看见舜的生活如此美好，非常嫉妒，想要霸占他的财产，还想抢夺他的妻子。舜回来后，他们就坐在一起商量一夜，想要把舜除掉。

这一天天气正热，象找舜来帮忙修谷仓，舜痛快地答应了。正当舜在谷仓顶上忙碌的时候，一家人却把梯子撤掉，放火点燃谷仓，想要烧死舜。情急之下，舜手里拿着两个大斗笠跳了下来，没有摔死。

象和壬女依然不死心，他们又一次把舜喊来，赔礼道歉之后请他帮忙淘水井，舜又答应了。等舜到了井底干活的时候，舜的继母和弟弟把用来上井的绳子收走了，还往井里填土，想要把舜活埋在里面。幸亏舜很警觉，他事先在井壁上挖了可以藏身的洞，之后又顺势挖了一条窄窄的地道逃了出来。

此时，象和瞽还在上头填土，甚至砸下一些石头和泥块来，一袋烟的工夫，就把水井填了半截，最后还搬了一扇石磨，把井口堵得严严实实的。一家人以为阴谋得逞，就欢天喜地地跑到舜家里，要瓜分舜的财产。

商量如何分财产的时候，象连忙说这主意是他想出来的，他想要舜的琴，还想要尧的两个女儿做他的妻子，牛羊和仓房则分给父母。象就

以主人的姿态坐在舜的房间里，还弹起了舜的琴。正在这时，舜从外面走了进来，象大吃一惊，极为懊恼，嘴里却嘀咕着："我正在思念你，心里忧愁得很啊。"舜也没放在心上。第二天，舜又去把那眼填了半截的井淘开了。井里的水四季旺盛，源源不绝。后来舜做了帝王，人们就把那眼井称作"舜王井"。

发生了这些事情，舜依然一如既往地对父母尊敬照顾，对兄弟友爱照顾，甚至比以前更加诚恳谨慎。

舜帝至诚至孝而成天子，更成为中国远古最贤明的圣王之一，他治理下的国家也成为后人向往的理想世界。

治理天下的法则

　　本章是《中庸》全篇的重点。首先，提出了为政原则——文武之道。讨论了政与人的关系，提出了德的内涵：仁、义、礼、智。从而推出天下人共有的君臣、父子、夫妇、兄弟、朋友五达道，突出了实践五达道的三达德：智、仁、勇。又从知行关系，论述如何学习三达德。其次，提出了治理国家的九条原则，讨论了这九条原则的重要性以及实现的原则。最后，由诚引出天道和人道，圣人和凡人的问题。认为天道就是诚，圣人和天道同一，是自然之诚。

"抑扬顿挫"读原文

　　哀公问政①。子曰："文武之政，布在方策②。其人存③，则其政举；其人亡，则其政息④。人道敏政⑤，地道敏树。夫政也者，蒲卢也⑥。故为政在人，取人以身，修身以道，修道以仁。仁者，人也，亲亲为大⑦。义者，宜也，尊贤为大。亲亲之杀⑧，尊贤之等，礼所生也。在下位不获乎上，民不可得而治矣⑨。故君子不可以不修身。思修身，不可以不事亲；

思事亲，不可以不知人；思知人，不可以不知天。"

"字斟句酌" 查注释

① 哀公：春秋时鲁国国君，姓姬，名蒋，"哀"为谥号。

② 布：刊布，记载。方：书写用的木板。策：书写用的竹简。

③ 其人：指文王、武王。

④ 息：灭，消失。

⑤ 敏：迅速，指各种政策的快速推行。

⑥ 蒲卢：芦苇。芦苇性柔而生长迅速。

⑦ 亲亲：第一个"亲"当动词用，亲爱；第二个"亲"当名词用，亲人，如父母等。

⑧ 杀（shài）：等差，等级。

⑨ 在下位不获乎上，民不可得而治矣：玄云"此句在下，误重在此"。郑玄说应当删除。

"古文今解" 看译文

鲁哀公向孔子问询治国方面的问题。孔子说："周文王、周武王的政治法令，刻在木板、竹简上面了。这样贤德的人活着，那政法就能够推行；这样贤德的人亡故，那政法也就作废消亡了。以人为政，可以快速推行政法，这就像用沃土植树，树木会迅速生长。这国政犹如蒲苇一般，蒲苇得了地力就能成长，国政得了人才就有成效。所以治理国政在于拥有贤德的人。君王要取得贤德的人，必须以身作则；要修养自身，必须以道德作为要求自己的标准；要修养德行，必须以仁义作为根本。所谓仁，就是爱人的意思，亲爱亲人是为大仁。所谓义，就是相宜的意思，尊重贤德的人就是大义。对亲人们的亲情，因远近有别而有亲疏的差别，对贤德的人们的尊重，因尊卑不同而有等级次序，反映这种亲疏尊卑关系的礼就产生了。所以君子不可以不修身。想要修身，不能不侍奉亲人；

想侍奉亲人,不能不明白知贤善用;想要明白知贤善用,不能不明白天理。"

"诸子注说" 解经义

孔颖达:"文王、武王为政之道,皆布列在于方牍简策。虽在方策,其事久远,此广陈为政之道。若得其人,道德存在,则能兴行政教。"

朱熹:"有是君,有是臣,则有是政矣。"

郑玄:"人之无政,若地无草木矣。蒲卢取桑虫之子,去而变化之,以成为己子。政之于百姓,若蒲卢之于桑虫然。"

朱熹:"以人立政,犹以地种树,其成速矣,而蒲苇又易生之物,其成尤速也。言人存政举,其易如此。"

郑玄:"在于得贤人也。明君乃能得人。"

朱熹:"人,指人身而言。具此生理,自然便有恻怛慈爱之意,深体味之可见。宜者,分别事理,各有所宜也。礼,则节文斯二者而已。"

郑玄:"修身乃知孝,知孝乃知人,知人乃知贤、不肖,知贤、不肖乃知天命所保佑。"

朱熹:"为政在人,取人以身,故不可以不修身。修身以道,修道以仁,故思修身不可以不事亲。欲尽亲亲之仁,必由尊贤之义,故又当知人。亲亲之杀,尊贤之等,皆天理也,故又当知天。"

"以史为鉴" 读案例

张良"迟到"

张良(?—前186),字子房,秦末汉初杰出谋臣,西汉开国功臣,政治家,与韩信、萧何并称为"汉初三杰",作为刘邦的得力助手,为西汉王朝的开创立下了汗马功劳。

　　早年间张良在下邳游历。在城外的土桥上，他望着白云，看着孤独兀立的烽火台，一时陷入沉思。此时，有一位穿着麻布衣服的老翁走来。土桥上坑坑洼洼，老翁踉跄了一下，一只鞋子掉到桥下了。张良急忙搀扶老翁。老翁对张良说："年轻人，给我把鞋子取过来！"张良默默取回了鞋子。老翁又说："给我穿上！"张良就跪地给老翁穿鞋。老翁怡然而受，大笑而去。张良愕然，目送老翁远去。老翁走了大约一里远，又返回来，对张良说："孺子可教！五天后的黎明，在这里见我。"张良内心更加震惊，跪拜说："是。"

　　第五天的黎明，张良急忙赶到，发现老翁早就在等他了。老翁生气地说："和老人约定，却迟到，为什么呢？"他起身离去，说："五天后再来。"

　　五天后的凌晨，鸡刚鸣叫，张良就走到土桥上来了。可是老翁又先来了，愠怒道："又迟到了，这是什么道理？"又自顾走了，说："五天之后要早点儿来！"

　　又过了五天，这次张亮彻夜未眠，不到半夜就到约定的桥上等待。过了一会儿，老翁从容地来了，看见张良，他高兴地说："这样才对。"说着，从怀中取出一本书交给张良。天明时张良打开书，原来是《太公兵法》。

　　张良如获至宝，于是，潜心钻研，终于成为一代著名谋臣，辅佐汉高祖刘邦定天下，开创伟业。

"抑扬顿挫" 读原文

天下之达道五①，所以行之者三。曰：君臣也、父子也、夫妇也、昆弟也②、朋友之交也，五者，天下之达道也；知、仁、勇，三者③，天下之达德也；所以行之者，一也。或生而知之，或学而知之，或困而知之，及其知之，一也。或安而行之，或利而行之，或勉强而行之，及其成功，一也。子曰："好学近乎知，力行近乎仁，知耻近乎勇。知斯三者，则知所以修身；知所以修身，则知所以治人；知所以治人，则知所以治天下国家矣。"

"字斟句酌" 查注释

① 达道：天下古今共同遵循的道理。
② 昆弟：兄和弟，也包括堂兄、堂弟。
③ 知：通"智"。

"古文今解" 看译文

天下共通的人道有五条，用来履行这五条人道的品德有三种。君臣之道、父子之道、夫妇之道、兄弟之道、朋友交往之道，这五条就是天下共通的人道。智、仁、勇，这三种是天下共通的品德，用以履行五条人道，三者是一致的。对于五道三德的道理，有的人生来就明白，有的人通过学习才明白，有的人经历了困苦才明白，等到都明白了这些道理，他们又是一样的了。对于五道三德的实践，有的人自觉自愿地做，有的人是为了名利才做，有的人做得很勉强，等到他们都做到的时候，却又都是一样的了。孔子说："喜欢学习就接近明智了，踏实地去行善就接近仁德了，知道羞耻就接近勇。懂得这三项的人，就知道怎样修身了；知道怎样修身，就知道怎样治理众人了；知道怎样治理众人，就知道怎样治理天下国家了。"

"诸子注说" 解经义

郑玄："达者，常行，百王所不变也。"

朱熹："达道者，天下古今所共由之路，即书所谓五典，孟子所谓'父子有亲、君臣有义、夫妇有别、长幼有序、朋友有信'是也。知，所以知此也；仁，所以体此也；勇，所以强此也，谓之达德者，天下古今所同得之理也。一则诚而已矣。达道虽人所共由，然无是三德，则无以行之；达德虽人所同得，然一有不诚，则人欲间之，而德非其德矣。"

程子："所谓诚者，止是诚实此三者。三者之外，更别无诚。"

郑玄："长而见礼义之事，己临之而有不足，乃始学而知之，此'达道'也。"

孔颖达："能好学，无事不知。以其勉力行善，故'近乎仁'也。以其知自羞耻，勤行善事，不避危难，故'近乎勇'也。"

朱熹："未及乎达德而求以入德之事。通上文三知为知，三行为仁，则此三近者，勇之次也。"

"以史为鉴" 读案例

不畏佞臣的范滂

范滂（137—169），字孟博，汝南郡征羌县（今河南漯河召陵区）人。东汉时期名士。少厉清节，为州里所服。举孝廉，光禄四行。冀州闹饥荒，盗贼猖狂，范滂为清诏使，登车揽辔，慨然有澄清天下之志。巡行冀州境内，太守与郡令自知贪墨，闻风即解印绶逃去。因为反对宦官专权，罹党锢之祸，范滂被捕入狱，死在狱中。

范滂年轻时即正直清高，有气节。出任冀州清诏使期间，范滂每次举报上奏，没有一次不压住驳倒众人的议论，后调任光禄勋主事。当时陈蕃任光禄勋，范滂拿着笏板前往陈蕃门下，陈蕃没有留他，范滂心怀怨恨，扔下笏板弃官而去。郭林宗听到后责备陈蕃说："像范孟博这样的人，怎能用一般的礼仪要求来对待他？现在造成了他为人清高辞官不做的名声，难道不是给你引来不好的评论吗？"陈蕃这才认错。范滂又被太尉黄琼征召任职。

后来皇帝下诏三府官员举报民情传言，范滂因此检举刺史、二千石等权贵豪门人物共二十多人。尚书责备范滂弹劾的人太多，怀疑他有私心。范滂回答说："臣子举报的如不是污秽、奸邪、残暴，深深祸害人民的人，难道会让他们的姓名涂写到简札上吗！最近时间仓促，所以先举报急需惩办的，那些没有调查清楚的，还要进一步考察核实。臣子听说农夫除掉杂草，庄稼一定茂盛；忠臣铲除奸人，仁义正道才能清平。要是臣子说的有不实的，甘愿接受严刑处死。"

延熹九年（166），牢修诬陷指控"党人"结党，范滂获罪被关进黄门北寺狱。狱吏准备拷打犯人，范滂因同囚的人大多生病了，于是请求让他先受刑，就和同郡人袁忠一起争着去挨毒打。

汉桓帝派中常侍王甫依次审讯囚犯，范滂等人

颈、手、脚戴枷锁，布袋蒙住脑袋，排列在台阶底下。其余的人在前面受审，有的回答有的不吭声，范滂、袁忠从后面超越次序往前面挤。王甫责问说："你们身为君主的臣子，不想着精忠报国，而在一起结成私党，相互褒奖推举，评论朝廷政治，凭空捏造事端，所有阴谋勾当，想干什么？老实招来，不得有丝毫隐瞒！"范滂回答说："我听说孔仲尼说过：'看到好的行为立刻学习都来不及，看见坏的行为就像手伸到沸水里似的马上躲避。'我们是想让好的汇到一起更清明，坏的也全到一块让坏得更臭，认为君王朝廷希望我们这样做，没料到却被认为是结党。"王甫说："你们互相提拔推举，像牙齿嘴唇一样连成一体，与你们意见不合的人就排斥他们，这是想干什么？"范滂激昂慷慨仰天长叹说："古代的人遵循善道能为自己求得更多幸福；今天的人遵循善道却使自身陷进死罪。我死之后，希望把我埋在首阳山边，我上不辜负皇天，下不愧于伯夷、叔齐。"王甫被他的言辞感动，脸色变得哀伤，于是这些囚犯全都被解除枷锁。

建宁二年（169），此时皇帝已经是汉灵帝，朝廷又大批诛杀党人，诏令紧急逮捕范滂等人。督邮吴导来到县中，抱着诏书，关闭驿馆，趴在床上哭泣。范滂听了说："一定是为了我啊！"立即去监狱投案。县令郭揖大惊，出来解下官印绶带要一同逃跑，说："天下大得很啊！先生为什么来到这里？"范滂说："我死了祸患就终结了，哪敢用自己的罪来连累您，又让老母流离失所呢？"

范滂的母亲前来与范滂诀别。道路上的行人听到了，没有人不流泪。范滂死时年仅三十三岁。

"抑扬顿挫"读原文

凡为天下国家有九经①，曰：修身也，尊贤也，亲亲也，敬大臣也，体群臣也②，子庶民也③，来百工也④，柔远人也⑤，怀诸侯也⑥。修身则道立，尊贤则不惑，亲亲则诸父昆弟不怨，敬大臣则不眩[7]，体群臣则士之报礼重，子庶民则百姓劝[8]，来百工则财用足，柔远人则四方归之，怀诸侯则天下畏之。

"字斟句酌"查注释

① 为：治理。九经：九条准则。

② 体：体察，体恤。

③ 子庶民：爱庶民如子，如父母爱其子。

④ 来：召集。百工：各种工匠。

⑤ 柔远人：优待边远地方来的人。

⑥ 怀：安抚。

⑦ 不眩：不迷惑。

⑧ 劝：勉励。

"古文今解"看译文

治理天下国家有九条准则，就是：修养自身，尊重贤人，亲爱亲人，尊敬大臣，体恤群臣，爱护平民，召集各种工匠，优待远方之人，安抚各路诸侯。修养自身，那么道德就能确立；尊重贤人，那么遇事就不会迷惑；亲爱亲人，那么伯叔、兄弟就会无怨；尊敬大臣，那么做事就不会紊乱；体恤群臣，那么士臣们答报的礼数就会厚重；爱护平民，那么百姓就会互相劝勉努力生产；召集各种工匠，那么财物就会充足；优待远方客人，四方之人就会闻风归顺；安抚各路诸侯，那么天下的人就会敬服。

"诸子注说"解经义

孔颖达："修正其身，不为邪恶，则道德兴立也。以贤人辅弼，故临事不惑，所谋者善也。"

朱熹："视群臣犹吾四体，视百姓犹吾子，此视臣视民之别也。"

孔颖达："以恭敬大臣，任使分明，故于事不惑。前文不惑，谋国家大事，此云'不眩'，谓谋国家众事，但所谋之事，大小有殊，所以异其文。群臣虽贱，而君厚接纳之，则臣感君恩，故为君死于患难，是'报礼重'也。爱民如子，则百姓劝勉以事上也。百工兴财用也，君若赏赉招来之，则百工皆自至，故国家财用丰足。怀诸侯则天下畏之。君若安抚怀之，则诸侯服从，兵强土广，故'天下畏之'。"

朱熹："此言九经之效也。'道立'，谓道成于己而可为民表，所谓'皇建其有极'是也。不惑，谓不疑于理。不眩，谓不迷于事。敬大臣则信任专，而小臣不得以间之，故临事而不眩也。来百工则通功易事，农末相资，故财用足。柔远人则天下之旅皆悦而愿出于其途，故四方归。怀诸侯则德之所施者博，而威之所制者广矣，故曰天下畏之。"

"以史为鉴"读案例

仁德的羊祜

羊祜（221—278），字叔子，兖州泰山郡南城县（今山东临沂平邑县）人。西晋时期杰出的战略家、政治家、文学家，曹魏上党太守羊衜（dào）之子，汉末才女蔡文姬的外甥。早年在曹魏政权任中书郎、给事黄门侍郎等职。魏元帝即位后，历任秘书监、相国从事中郎等职。晋代魏前夕，担任中领军，掌领禁军，兼管内外政事。西晋建立后，累官尚书右仆射、卫将军，封钜平侯。泰始五年（269），出任车骑将军、开府仪同三司，都督荆州诸军事，坐镇襄阳。在荆州屯田兴学，以德怀柔，深得军民之心；扩充军备，训练士兵，全力筹备灭吴计划。

西晋对吴之前爆发了西陵之战，以吴胜晋败而终。羊祜总结教训认识到：吴国的国势虽已衰退，但仍有一定的实力，特别是荆州尚有陆抗这样的优秀将领主持军事，平吴战争不宜操之过急。于是，他采取军事蚕食和提倡信义的两面策略，以积蓄实力，瓦解对方，寻找灭吴的合适时机。

　　鉴于历史上孟献子经营武牢而郑人畏惧，晏弱筑城东阳而莱子降服的经验，羊祜挥兵挺进，占据了荆州以东的战略要地，先后建立五座城池，并以此为依托，占据肥沃土地，夺取吴人资财。于是，石城以西均晋国占有，吴人来降者源源不绝。羊祜于是实施怀柔、攻心之计。在荆州边界，羊祜对吴国的百姓与军队讲究信义，每次和吴人交战，羊祜都预先与对方商定交战的时间，从不搞突然袭击。对于主张偷袭的部将，羊祜用酒将他们灌醉，不许他们再说。有部下在边界抓到吴军两位将领的孩子。羊祜知道后，马上命令将孩子送回。后来，吴将夏详、邵颉等前来归降，那两个孩子的父亲也率其部属一起来降。吴将陈尚、潘景进犯，羊祜率部击败了他们，然后，嘉赏他们气节而厚礼殡殓。两家子弟前来迎丧，羊祜以礼送还。吴将邓香进犯夏口，羊祜悬赏将他活捉，抓来后，又把他放回。邓香感恩，率其部属归降。羊祜的部队行军路过吴国边境，收割田里稻谷以充军粮，但每次都要根据收割数量用绢偿还。打猎的时候，羊祜约束部下，不许超越边界线；如有禽兽先被吴国人所伤而后被晋兵获得，他都送还对方。羊祜的这些做法，使吴人心悦诚服，十分尊重他，不称呼他的名字，只称"羊公"。

　　对于羊祜的这些做法，陆抗心中很清楚，所以常告诫将士们说：

"羊祜专以德感人，如果我们只用暴力侵夺，那就会不战而被征服。我们只保住边界就行，不要为小利而争夺侵扰。"因此，在很长的一段时间里，晋、吴两国在荆州边界没有冲突。羊祜与陆抗对垒，双方常有使者往来。陆抗称赞羊祜的德行度量，"虽乐毅、诸葛孔明不能过也"。一次陆抗生病，向羊祜求药，羊祜马上派人把药送过来，并说："这是我最近自己配制的药，还未服，听说您病了，就先送给您吃。"吴军其他人怕其中有诈，劝陆抗勿服，陆抗不疑，并说："羊祜怎会用毒药害人呢？"仰而服下。当时人都说，这可能是春秋时华元、子反重现了。吴主孙皓听到陆抗在边境的做法，派人前去诘问，陆抗回答："一乡一镇之间，不能不讲信义，何况一个大国呢？如我不讲信义，正是宣扬了羊祜的德威，对他毫无损伤。"孙皓无言以对。

遗憾的是，羊祜生前没能看到西晋灭吴统一全国的场面。咸宁四年（278）八月，羊祜染病，请求入朝。返回洛阳时，他听闻同母的姐姐羊徽瑜逝世，悲痛万分，病情更加严重。同年十一月，羊祜病逝。他死后，晋武帝司马炎亲着丧服痛哭，时值寒冬，司马炎的泪水流到髯须上都结成了冰。荆州百姓在集市之日听说羊祜的死讯，纷纷罢市痛哭，街巷中悲声连绵不断；吴国守边将士也为之落泪。随后，司马炎下诏追赠羊祜为侍中、太傅，谥号为"成"；赐"东园秘器，朝服一袭，钱三十万，布百匹"。

羊祜死后两年，晋按羊祜生前的军事部署一举灭吴，完成了统一大业。

"抑扬顿挫" 读原文

齐明盛服①，非礼不动，所以修身也。去谗远色②，贱货而贵德，所以劝贤也。尊其位，重其禄，同其好恶，所以劝亲亲也。官盛任使③，所以劝大臣也。忠信重禄，所以劝士也。时使薄敛④，所以劝百姓也。日省月试⑤，既廪称事⑥，所以劝百工也。送往迎来，嘉善而矜不能⑦，所以柔远人也。继绝世⑧，举废国，治乱持危，朝聘以时⑨，厚往而薄来，所以怀诸侯也。

"字斟句酌"查注释

① 齐明盛服：斋戒沐浴，使身心洁净，身穿盛装。齐，通"斋"。
② 谗：说别人的坏话。此处指说坏话的人。
③ 官盛任使：官员众多，足够听任差遣使用。
④ 时使：此处指役使百姓不误农时。薄敛：赋税轻。
⑤ 省（xǐng）：省察。试：考核。
⑥ 既廪（xì lǐn）称事：发给的薪水粮米与工业业绩相称。既廪，即"饩廪"，指薪水粮食。称：符合。
⑦ 矜：怜悯，同情。
⑧ 继绝世：延续已经中断的家庭世系。
⑨ 朝聘：朝，诸侯朝见天子；聘，诸侯使大夫献礼于天子。古代礼制规定：两年一小聘，三年一大聘，五年一朝。

"古文今解"看译文

整洁地身着盛装，不妄动不合乎礼法的事物，这是用来修身的。不听信谗言，远离女色，将财货看轻而将道德看重，这是用来劝勉贤能的。提高亲人们的爵位，加厚他们的俸禄，统一他们的好恶观念，这是用来劝勉他们亲爱亲人的。属官盛多，足够用来任用和驱使，这是用来奖劝大臣的。真心诚意地任用他们，并给他们丰厚的俸禄，这是用来奖劝士人的。使民服役不耽误农时，少收赋税，这是用来勉励百姓的。每天省察，每月测试，使他们得到的米粮配得上他们的功劳，这是用来奖劝各种工匠的。派人迎来送往，嘉奖良善而怜恤没有能力的人，这是用来优待远方来人的。延续没有后代的诸侯，振兴将要颓废灭亡的小国，助其平治内乱，扶持危弱，让诸侯按时朝见聘问，诸侯回国时，天子赐予的财物要丰厚，诸侯前来时，贡献的礼物要少收，这是用来安抚诸侯的。

"诸子注说"解经义

朱熹："此言九经之事也。官盛任使，请官属众盛，足任使令也，盖大臣不当亲细事，故所以优之者如此。忠信重禄，谓待之诚而养之厚，盖以身体之，而知其所赖乎上者如此也。"

"以史为鉴"读案例

张浚：一心合天

张浚（1097—1164），字德远，世称"紫岩先生"，汉州绵竹县（今四川绵竹）人。两宋交替时期名臣、学者。四岁时就失去亲人，但自少行为端正，不说大话，有成大器之相。后进入太学，于宋徽宗政和八年（1118）登进士第，调山南府士曹参军。靖康初年（1126），被任命为太常寺主簿。随后发生了著名的"靖康之难"，宋朝被迫南迁，局面混乱，宋高宗赵构建立南宋政权。后来发生恶性事件：后军统制韩世忠的部下逼迫朝廷谏臣落水而死。张浚坚决奏请将手握军权、立过大功的韩世忠查办，结果朝廷罢免了韩世忠观察使的职务。从此，"上下始知有国法在"。之后，张浚迁侍御史，后又拜右相，兼枢密使。

建炎三年（1129），护卫亲军发生兵变，形势严重，恰巧韩世忠率军抵达常熟。张浚说："世忠来，大事可定。"急以书信相召。韩世忠到来，二人相对流泪。韩世忠说："世忠愿与张浚以身家性命担当。"于是，张浚召集韩世忠手下和他的手下，厉声问道："今日之举，孰顺孰逆？"士兵一致回答："贼逆我顺。"张浚说："叛贼悬示重赏，要我的项上人头。如果我今天的行为违背天意人心，你们觉得我应该被杀，那你们就杀了我去领赏；否则，就和我一起诛杀逆贼，如果有谁敢退缩，那就军法从事！"众人皆愤慨，纷纷服从张浚的领导，杀贼建功。于是，在张浚、韩世忠的带领下，亲卫叛乱被平息。

之后，宋孝宗即位，召见张浚。当时，张浚任职建康府，兼行宫留守，节制建康、镇江府、江州、池州、江阴军军马。宋孝宗说："久闻你的大名，现在，朝廷能依靠的，只有你啊。"礼请张浚入座，咨询国家要务。张浚从容不迫地回答："帝王之学，以心为本，一心合天，还有什么事情办不成呢？所谓'天'，就是指天下的公理、人心。必须兢兢业业，克服私心杂念，坚持修养品德，保持清醒，躬行公正，使赏罚举措没有失当之处，那么，天下人就会自动归顺，诚心拥戴，敌人也会从内心诚服我们。"

隆兴二年（1164）三月，张浚还奉诏誓师淮上，积极部署抗金措施。四月，被召回朝，随后江淮都督府也被罢，在太上皇宋高宗的干预下，朝廷力主和金议和。张浚感到抗金无望，即求致仕，遂被罢相，授少师、保信军节度使、出判福州，后被改授醴泉观使闲差。同年八月，张浚在余干病逝，宋孝宗闻讯后"震

悼"，为之辍朝，追赠太保。

"抑扬顿挫" 读原文

凡为天下国家有九经，所以行之者一也。凡事豫则立①，不豫则废。言前定则不跲②，事前定则不困，行前定则不疚③，道前定则不穷。

"字斟句酌" 查注释

① 豫：预备，准备。
② 跲（jiá）：绊倒，这里指说话不顺畅。
③ 疚：惭愧。

"古文今解" 看译文

大凡治理天下国家有九条纲要，而践行这九条纲要的原则只有一个。凡做大事，预先有准备就能成功，没有准备就会废止。讲话要先有定论，到时就不会语言不通畅；做事要先有准则，到时就不会困惑；行动要先有准则，到时就不会出差错；为人处世要先有准则，到时就不会走投无路。

"诸子注说" 解经义

朱熹："一者，诚也。一有不诚，则是九者皆为虚文矣，此九经之实也。"

孔颖达："将欲发言，能豫前思定，然后出口，则言得流行，不有踬蹶也。欲为事之时，先须豫前思定，则临事不困。欲为行之时，豫前思定，则行不疚病。欲行道之时，豫前谋定，则道无穷也。"

朱熹："凡事，指达道、达德、九经之属。此承上文，言凡事皆欲先立乎诚，如下文所推是也。"

"以史为鉴"读案例

秦穆公三用孟明视

孟明视（生卒年不详），姜姓，百里氏，名视，字孟明，史称"孟明视"，虞国（今山西运城平陆县）人，秦国国相百里奚的儿子。秦国大夫，秦穆公的主要将领。

秦穆公将百里奚与蹇叔封为左右二相后，秦国国力强盛，威震诸侯。晋文公去世后，杞子从郑国派人送信来，说："郑国人把北门的钥匙交给我了，如果秦国悄悄派军偷袭，我在里面打开城门接应，那么吞并郑国不是很简单吗？"秦穆公向百里奚和蹇叔征求意见，他们都极力反对："越过好几个国家千里迢迢地偷袭对方，这很难得到好处。郑国一定也会得到消息，提前防备。何况郑国有人反叛，那么我们怎么能保证秦国没有人反叛呢？"但秦穆公不听，执意发兵。

秦穆公派了三位将领，一位是百里奚的儿子孟明视，另外两位是蹇叔的儿子西乞术和白乙丙。军队出征那天，蹇叔哭着为军队送行，并对两个儿子说："你们这次必然有去无回啊，晋国的军队一定会在崤山阻击，看来我也只能去那里为你们收尸了！"秦穆公知道后气急败坏，怒骂蹇叔。

秦国军队浩浩荡荡地向郑国行进，路上碰到了郑国商人弦高，他一面派人回去传信，一面赶着十二头牛送到秦军面前，谎称自己是郑国的使者，受郑王之命前来慰劳秦军。秦军一看，郑人原来早就得到消息了，继续前进也没有意义了。于是调转兵马返回，结果在路过晋国边境的滑国时，顺手攻打了滑国，把滑国给灭了。

此时晋国正在举办国丧，刚刚即位的晋襄公听到秦国灭了滑国的消息，不由得怒气冲天："秦国这是欺侮我丧君丧父，在我们国丧期间侵犯我们的边境！"于是，他穿着黑色丧服，率领兵士，在崤山阻击了秦军。秦国士兵全部命丧山谷，三位将军也惨遭俘虏。

晋襄公的亲生母亲为怀嬴，她是晋文公的夫人，也是秦穆公的女儿。她对晋襄公说："听说你俘虏了孟明视、西乞术、白乙丙。晋国和秦国本来是亲戚，一向互相帮助。孟明视这帮人为了逞威风，才闹得两国伤了和气。要是晋国把他们仨杀了，恐怕两国的冤仇越来越深，不如把他们送回秦国，由秦国处置。这样不是更好吗？"晋襄公听了母亲的话，把孟明视、西乞术、白乙丙都放走了。

此时，晋国的士大夫先轸得知俘虏来的三位将领已经被放了，怒斥晋襄公："晋国那么多将士拼死俘虏的三位将军，你却仅仅因为妇人的几句鬼话，就给他们放回去了！我看晋国的灭亡就在眼前了！"

晋襄公听完也后悔了，就派阳处父领一队人马立刻去追，可是孟明视这三人被放了之后立刻飞奔逃跑，当晋军追到黄河边上时，三人已经上了一条小船离岸了。

阳处父在岸边高喊："我们主公忘了给你们准备车马，特派我赶来给你们送几匹好马，请你们回来收下！"孟明视当然知道这是计，在船头行了礼，说："承蒙晋君宽恕我们，已经万分感激，哪里还敢再受礼物呢！如果我们回去还能保全性命，那么，三年之后，再报答贵国吧。"随着他说话，那只小船越来越远了。

孟明视等三人回到秦国，秦穆公听到消息穿了素服，亲自到城外去迎接，并设宴款待他们，还说："都是因为我不听百里奚、蹇叔的话，

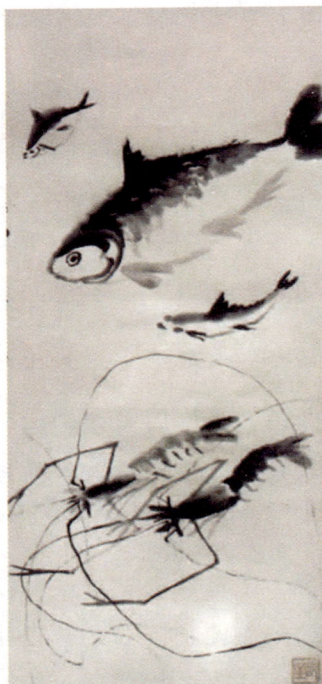

让你们三位受辱了！"三人跪地请罪。秦穆公却说："这是我的不是，哪能怪罪你们呢？再说，我也不能因为一个人犯错，就抹杀他的功劳啊。三位将军以后不忘雪耻就是了。"宴会结束，秦穆公仍然让三人为将，训练军队，准备报仇。

三年后，孟明视等人再次率兵伐晋，晋国方面以先轸的儿子先且居和赵衰为将，他们早就渡过黄河，在彭衙堵住秦军，两国军队在彭衙厮杀，这次孟明视等人又输了。

又一年过去，孟明视等人经过更加刻苦的训练，已经兵强马壮，于是第三次起兵进攻晋国。这次，秦国军队渡过黄河后焚烧了战船，表示自己不留后路、争取必胜的决心。最终，秦国战胜了晋国。

"抑扬顿挫"读原文

在下位不获乎上，民不可得而治矣。获乎上有道：不信乎朋友，不获乎上矣。信乎朋友有道：不顺乎亲，不信乎朋友矣；顺乎亲有道[1]：反诸身不诚，不顺乎亲矣。诚身有道：不明乎善，不诚乎身矣。

"字斟句酌"查注释

[1] 顺乎亲：顺从亲人的心意，使父母心情快乐。亲：父亲、母亲。

"古文今解"看译文

处在下位的人，要是得不到上面的信任，那就很难治理好百姓了。得到上面的信任有一定的办法：不能让朋友相信，那就不能得到上面的信任了。得到朋友的信任有一定的办法：不能让父母顺心，那就不能得到朋友的信任了。让父母顺心有一定的办法：反省自己的时候不能真心诚意，那就不能让父母顺心了。让自己真心诚意有一定的办法：不明白什么是善，那就不能诚实自身了。

"诸子注说" 解经义

郑玄："臣不得于君，则不得居位治民。知善之为善，乃能行诚。"

孔颖达："人臣处在下位，不得于君上之意，则不得居位以治民。臣欲得君上之意，先须有道德信着朋友。若道德无信着乎朋友，则不得君上之意矣。欲得上意，先须信乎朋友也。欲行信着于朋友，先须有道顺乎其亲。若不顺乎其亲，则不信乎朋友矣。欲顺乎亲，必须有道，反于己身，使有至诚。若身不能至诚，则不能'顺乎亲矣'。欲行至诚于身，先须有道明乎善行。若不明乎善行，则不能至诚乎身矣。言明乎善行，始能至诚乎身。能至诚乎身，始能顺乎亲。顺乎亲，始能信乎朋友。信乎朋友，始能得君上之意。得乎君上之意，始得居位治民也。"

朱熹："以在下位者，推言素定之意。反诸身不诚，谓反求诸身，而所存所发，未能真实而无妄也。不明乎善，谓未能察于人心天命之本然，而真知至善之所在也。"

"以史为鉴" 读案例

人们都在注视着我们

李仲略（1140？—1205），字简之，金代高平（今山西高平西北）人。自幼聪明好学，大定十九年（1179）以辞赋登进士第，累官户部郎中，山东东西路按察使。性格豪迈，不依附权贵，临事明敏，所任以干练著称。

大兴府知府纥石烈执中因贪污罪查实而受到惩治。皇帝命令李仲略负责审讯。按照刑律，这位知府应当被撤职，判决充军。当权大臣竞相为之说情，认为处罚太重。皇帝思考了一下，也觉得处罚过重。李仲略上书说："教化的施行，应当从亲近的人开始。整肃风纪，清除贪官污吏，更不能心存姑息。京师是全国的中心，是天下效法的模范，关系天下治化风教。郡、县长官不下数百名之多，像纥石烈执中这样的贪鄙之徒如果不予严惩，怎么勉励警诫他人？更何况纥石烈执中为人凶狠残暴，刚愎自用，欺上瞒下，对朝廷傲慢无礼，对吏民百姓苛暴酷虐，民愤极大，怎么能宽恕呢？"皇帝说："你说得对。"

"抑扬顿挫"读原文

诚者，天之道也；诚之者，人之道也。诚者，不勉而中，不思而得，从容中道，圣人也。诚之者，择善而固执之者也。博学之，审问之①，慎思之，明辨之②，笃行之③。有弗学④，学之弗能弗措也⑤；有弗问，问之弗知弗措也；有弗思，思之弗得弗措也：有弗辨，辨之弗明弗措也；有弗行，行之弗笃弗措也。人一能之，己百之；人十能之，己千之。果能此道矣，虽愚必明，虽柔必强。

"字斟句酌" 查注释

① 审问：审慎地探问。
② 明辨：明晰地分辨。
③ 笃行：笃实地履行。
④ 弗：不。
⑤ 弗措：不罢休，不停止。

"古文今解" 看译文

诚，是上天赋予的道理；学习诚，是做人的道理。天生至诚的人，不用勉强就能合理处事，不用认真思索就能说话和行动得当，从从容容就能符合中庸之道，这是圣人啊！至于一般学习诚的人，就是选择好的事情和好的道理并认真记住的人。这种人就要广博地学习，细致地探究，小心地思考，明晰地分辨，笃实地履行。有的学问不去学就算了，要是学习了，学不成就不放下；有的问题不问则已，问了，不理解就不放下；有的事情不思索则已，思索了，没有所得就不放下；有的疑点不分辨则已，分辨了，不明白就不放下；有的工作不做则已，做了，不切实就不放下。别人一次能做到的，我要做它一百次；别人十次能做到的，我要做它一千次。要是能按照这个方法去做，那么，即使是愚钝的人也一定会变得聪明，即使是柔弱的人也一定会变得刚强。

"诸子注说" 解经义

郑玄："'诚者'，天性也。'诚之者'，学而诚之者也。因诚身说有大至诚。"

朱熹："此诚之之目也。学、问、思、辨，所以择善而为知，学而知也。笃行，所以固执而为仁，利而行也。"

程子："五者废其一，非学也。"

孔颖达："身有事，不能常学习，当须勤力学之。学不至于能，不措置休废，必待能之乃已也。以下诸事皆然。他人性识聪敏，一学则能知之，己当百倍用功而学，使能知之，言己加心精勤之多，恒百倍于他人也。"

朱熹："君子之学，不为则已，为则必要其成，故常百倍其功。此困而知，勉而行者也，勇之事也。"

孔颖达："若决能为此百倍用功之道，识虑虽复愚弱，而必至明强。此劝人学诚其身也。"

朱熹："明者择善之功，强者固执之效。"

"以史为鉴"读案例

吕蒙——刮目相看

吕蒙（178—220），字子明，汝南郡富陂县（今安徽阜阳阜南县王化镇吕家岗）人，东汉末年名将。早年依附姊夫邓当，跟随孙策征战，以胆气著称。邓当死后，吕蒙统领其部众，拜别部司马。孙权统事后，吕蒙渐受重用，从征黄祖作先锋，封横野中郎将。破曹仁于南郡，破朱光于皖城，累功拜庐江太守。进占荆州南部三郡，并计擒郝普。在逍遥津之战掩护孙权逃生。在濡须抵御魏军。官拜左护军、虎威将军。鲁肃去世后，吕蒙代守陆口，袭取荆州西部三郡，击败了刘备帐下名将关羽，拜南郡太守，封孱陵侯，受勋殊隆。

关于吕蒙，最著名的故事就是"士别三日，当刮目相看"。

当初，孙权对吕蒙和蒋钦说："你俩现在一起做当权的大官，应当多学习，对自己有好处。"吕蒙说："在军中经常苦于军务繁忙，恐怕没有时间读书。"孙权说："我又不是让你做编纂文档经典的博士，只是想让你多涉猎一些历史典故，你说军务繁忙，再忙也不能比我忙呀，我小时候读《诗》《书》《礼记》《左传》《国语》，只是不读《易》。一直到统帅江东以后读三史、各家的兵书，自己觉得大有益处。像你们两人，脑筋好用，学了肯定有用，为什么不去做呢？应该赶快把《孙子》《六韬》《左传》《国语》及三史学习了。"吕蒙就开始学习，终日不倦，他所看的书，连老儒生都比不了。后来鲁肃代替周瑜，过来找吕蒙谈话，摸着吕蒙的背说："我以前说老弟是一介武夫，只有勇力，但是到了现在，学识也如此渊博，已经不是以前的吴下阿蒙啦。"吕蒙说："士别三日，当刮目相看，兄长这么说，怎么和被人称作反应迟钝的穰侯一样呢？兄长您现在接替公瑾，已经很艰难了；又和关羽接壤，这个人年长而好学，读《左传》朗朗上口，而且非常有霸气，只是他太自负了，总是气势凌人，不把别人放在眼里，这是他最大的弱点。如果和他对垒，应该用单复阵，用卿来对付他。"吕蒙给鲁肃提出五项计策，鲁肃郑重接受了。后来，吕蒙击败关羽夺了荆州，为东吴立下大功。

第二十一章

诚是天地之德

　　本章开始讨论诚。诚就是真实无妄，不怀功利，没有杂念。从诚开始，便具有善。而一般人先明乎善，而后让善真实无妄。不论是先天开始，还是后天人为，只要做到真诚，二者也就合一了。

"抑扬顿挫" 读原文

　　自诚明[①]，谓之性；自明诚，谓之教。诚则明矣[②]，明则诚矣。

"字斟句酌" 查注释

　　① 自：从，犹。明：明达。
　　② 则：即，就。

"古文今解" 看译文

　　由于天赋诚实从而明达事理，这叫作本性；由于明达事理从而变得诚实，这叫作教化。秉性诚实就能明达事理，而明达事理也能变得诚实。

"诸子注说" 解经义

郑玄："由至诚而有明德，是圣人之性者也。由明德而有至诚，是贤人学以知之也。有至诚则必有明德，有明德则必有至诚。"

孔颖达："圣人天性至诚，则能有明德，由至诚而致明也。贤人由身聪明习学，乃致至诚。是诚则能明，明则能诚，优劣虽异，二者皆通有至诚也。"

朱熹："德无不实而明无不照者，圣人之德。所性而有者也，天道也。先明乎善，而后能实其善者，贤人之学。由教而入者也，人道也。诚则无不明矣，明则可以至于诚矣。"

"以史为鉴" 读案例

诚即不欺

黄洽（1122—1200），字德润，号东里，晚号绍英，南宋福州侯官县（今福建闽侯县）竹岐乡榕岸村人。隆兴元年（1163），以太学士春试第二授绍兴府观察判官。后任枢密院编修，上以其尽言为端士，除侍御史，后任右谏议大夫，死后追赠紫光禄大夫。质直端重，有大臣体，有文集、奏议流传于世。

黄洽中第后受任为绍兴府观察推官。宋孝宗励精图治，黄洽向他奏三项措施：准备政事，储备人才；士兵应该训练其心理修养；军事上一定要预先计划好。皇帝看后非常高兴。黄洽又奏道："我愿下戒令整饬州郡，不用担心招致敌寇的烦扰。"黄洽又被授予侍御史。

宋孝宗通过各种途径救济农业灾荒，使人心稳定。黄洽奏道："使者一出，官吏们应知敬畏，那平常的部门，他们的职责是什么？淮浙江东现在有使节，以五个使节分为五路，还怕了解不全，如今遣一人兼二三路，不过做些查阅账本或户口多少的事罢了，地域辽远，怎能走遍呢？"他又说："宰相得力，则会使朝廷有尊严，宰相选拔人才，当尽以公心。君子进取则有幸升迁职位而天下得以治理。"宋孝宗采纳其言，封黄洽为御史中丞。

他曾奏道："根据谈话即可了解人，轻易听信传言，会导致失去人才。因此，听话要不满足其内容广泛，广泛则近乎通畅，选择言论不满足其细，细致则会近乎无误。"皇帝封他为参知政事，任职枢密院事。

到了宋光宗时，黄洽升为资政殿大学士，请求归田。别人劝他先建造自己的宅第。黄洽说："我是一介书生，蒙皇恩提拔至此，怎么能还没有报效国家就为自己办事呢？假如我一旦获罪离去，还有先人的破屋子可以遮风挡雨，又有什么可忧虑的呢？"

庆元六年（1200），黄洽去世，皇上追封他为金紫光禄大夫，谥号"文敏"。黄洽性格直爽，行为端庄稳重，有君子的气质。他曾说："居家不欺骗亲人，做官不欺骗君主，抬头不欺天，俯首不欺百姓，在幽冥中不欺鬼神，何必舍脸面求佛保佑呢？"

第二十二章

发挥人的本性

本章讨论诚与人的本性。真诚者把自己的善性发挥到极致，通过至诚去关怀别人，也会让别人的善性发挥到极致。至诚之人天性坦荡，心灵透明，自然自在。天地以其至诚，令一切虚伪的东西无处躲藏。

"抑扬顿挫"读原文

唯天下至诚，为能尽其性①；能尽其性，则能尽人之性；能尽人之性，则能尽物之性；能尽物之性，则可以赞天地之化育②；可以赞天地之化育，则可以与天地参矣③。

"字斟句酌"查注释

① 尽其性：充分发挥本性。

② 赞：助成。化育：化生和养育。

③ 与天地参：与天地并立为三。参，此处通"三"，指与天、地并立为"三"。

"古文今解"看译文

只有天下至诚的人，才能完全发挥自己的本性；能够完全发挥自己的本性，就能够完全发挥人类的本性；能够完全发挥人类的本性，就能够完全发挥万物的本性；能够完全发挥万物的本性，就能够帮助天地化育万物；能够帮助天地化育万物，就与天地并立为三了。

"诸子注说"解经义

郑玄："尽性者，谓顺理之，使不失其所也。助天地之化生，谓圣人受命在王位，致太平。"

孔颖达："天下之内，至极诚信为圣人也。以其至极诚信，与天地合，故能'尽其性'。既尽其性，则能尽其人与万物之性，是以下云'能尽人之性'。既能尽人性，则能尽万物之性，故能赞助天地之化育，功与天地相参。"

朱熹："天下至诚，谓圣人之德之实，天下莫能加也。尽其性者，德无不实。故无人欲之私，而天命之在我者，察之由之，巨细精粗，无毫发之不尽也。人物之性，亦我之性，但以所赋形气不同而有异耳。能尽之者，谓知之无不明而处之无不当也。"

"以史为鉴"读案例

齐桓公庭燎求贤

齐桓公（？—前643），姜姓，吕氏，名小白。他是齐国第十六位国君，"春秋五霸"之首，姜太公吕尚第十二代孙。早年在鲍叔牙保护下，逃到莒国避难。在齐襄公和公孙无知相继死去后，抢先回国，夺取君位。任内励精图治，起用管仲为相，推行改革，实行军政合一、兵民合一的制度，促使齐国逐渐强盛，成就霸业。

齐桓公求贤若渴，慕名而来的人很多。有个卫国人叫宁戚，一心要展现自己的才华，建功立业，但他非常贫穷，没有机会得到举荐。他听说齐桓公广求天下贤才，就找到一个卫国商人，替他赶着货车到齐国去，希望有机会推荐自己。

他们在傍晚来到齐国都城，就露宿在城门外，打算第二天进城贩卖货品。这一天，齐桓公恰好在郊外迎接宾客，夜里才带着众多人马回城。城门打开，附近装载货物的车辆纷纷退让，一时间人声嘈杂，灯火通明。这时，宁戚正在喂牛，他远远看见齐桓公，心中涌起悲伤感慨，就敲着牛角大声唱起歌来。齐桓公此时听到高亢的歌声，非常意外，仔细品味歌词后，发出赞叹："真是与众不同啊！这个唱歌的人一定不是凡俗之辈！"当即下令请宁戚进宫。

到了宫中，侍从看见宁戚衣衫褴褛，不知道怎么办。齐桓公命人给他换上新衣服、新帽子，随即召见了他。宁戚一见到齐桓公，就讲了很多治国之道，给齐桓公提了很多建议，齐桓公很满意。第二天，齐桓公

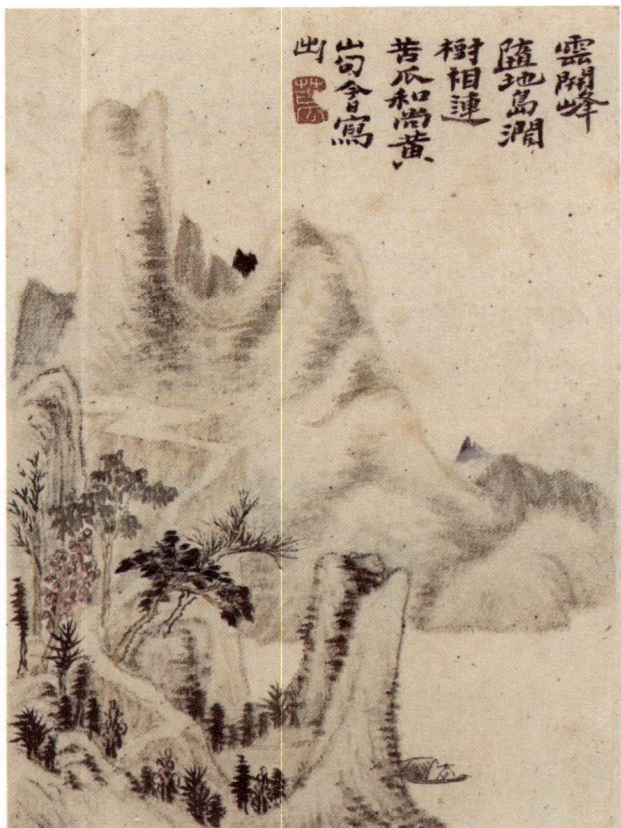

又召见了他，这次宁戚给齐桓公讲了很多治理天下的道理，齐桓公更高兴了，准备给宁戚官职。

齐国很多大臣听到这个消息，纷纷表示担忧，和齐桓公说："宁戚是卫国人，我们对他的来历底细都不清楚，有必要派人去调查一下，如果查明这个人确实贤德，再用也不迟。"齐桓公却笑笑，说不必，"任用这个人，心里却还怀疑人家，这是很多君王失去民心，导致人才流失的原因啊！"于是宁戚被委以重任。

为了表现自己招纳贤才的决心，齐桓公还在宫前点起长明的火炬，以表明自己不分昼夜随时接待各地人才。可是，火炬烧了一整年，也没有一个人前来。

一年之后，终于从东野来了个地位十分低下的人求见。齐桓公非常高兴，立刻接见。他满怀惊喜和期待地问这个人有什么才能，来人回答说："我会九九算术啊。"齐桓公一听失望至极，心想齐国会九九算术的大有人在，这没什么稀奇的啊，说："九九算术也能被当作一技之长拿来见我吗？"

东野之人则回答："大山从不拒绝任何细小的石头，所以才能成为巍峨的大山，江海从不拒绝任何细小的溪流，所以才能成为广阔的江海。《诗经》说'先民有言，询于刍荛'，教导身居高位的执政者广泛征询意见，包括那些以割草打柴为生的人。九九算术确实不算什么高深的学问，但如果您对这样的人也能以礼相待的话，还用担心那些比我高明的贤才不来吗？"

齐桓公听了，认为东野之人说得有道理，就非常尊敬地按照庭燎之礼接待了他。果然如他所说，这件事情传播了出去，一个月之后，四方各国的贤士接踵而至。

为广开贤路，召集天下人才，齐桓公不仅设立了庭燎之礼，还注意接待好各诸侯国的客人。他委派隰朋管理东方各国的事务，委派宾胥管理西方各国的事务。在齐国国内，每隔三十里就有一个驿站，储备食品和物资，派专门的人去管理。凡诸侯各国来的官吏，派专人赶着他们的马车为他们负载行装。官吏们如果需要住宿的话，就派人替他们喂马并用准备好的食品好好招待。如果待客情况与收费标准有不恰当的情况，就要治管理者的罪。

齐桓公还规定，所有国内官吏都应该引荐其他诸侯国的人，如果引荐得好，就根据所引荐对象能力的大小，给予赏赐；如果引荐得不好，也不追究。

齐桓公后，历代齐国君主继承了其举措，齐国国内形成招贤纳士的风气。

第二十三章

次于圣人的选择

这一章说的是普通人。普通人某一方面的善性，如果能真诚发挥，就会充分表露，逐渐发扬光大，进一步凝聚感动他人的力量，感化他人向善，这样，也就和圣人一样了。

"抑扬顿挫" 读原文

其次致曲①。曲能有诚，诚则形②，形则著③，著则明④，明则动，动则变，变则化⑤。唯天下至诚为能化。

"字斟句酌" 查注释

①其次：次一等的人，即次于"自诚明"之人的人，也就是贤人以下之人。致曲：致力于某一方面的善端。曲，偏。一个方面。

②形：形之于外，显露，表现。

③著：显著。

④明：光明。

⑤化：教化，化育。

"古文今解" 看译文

那些次于圣人的贤人，能够推导明白局部的道理。推导明白局部的道理也能获有诚心，有了诚心就会有所表现，有所表现就会日益明显，日益明显就会更加昭明，昭明彰著就能感动人心，感动人心就能使人转变，使人转变就能完成教化。唯有天下至诚的人才能教化众人。

"诸子注说" 解经义

郑玄："不能尽性而有至诚，于有义焉而已。形，谓人见其功也。尽性之诚，人不能见也。"

孔颖达："不能自然至诚，由学而来，故诚则人见其功，是'诚则形'也。初有小形，后乃大而明著，故云'形则著'也。若天性至诚之人不能见，则不形不著也。由著故显明，由明能感动于众。既感动人心，渐变恶为善，变而既久，遂至于化。言恶人全化为善，人无复为恶也。唯天下学致至诚之人，为能化恶为善，改移旧俗。不如前经天生至诚，能尽其性，与天地参矣。"

朱熹："盖人之性无不同，而气则有异，故唯圣人能举其性之全体而尽之。其次则必自其善端发见之偏，而悉推致之，以各造其极也。曲无不致，则德无不实，而形、著、动、变之功自不能已。积而至于能化，则其至诚之妙，亦不异于圣人矣。"

"以史为鉴" 读案例

李时珍修《本草纲目》

李时珍（1518—1593），字东璧，晚年自号濒湖山人，湖北蕲州（今湖北黄冈蕲春县蕲州镇）人，明代著名医药学家。自嘉靖四十四年（1565）起，先后踏访多地收集药物标本和处方，拜访多位百姓，记录上千万字札记，弄清许多疑难问题，完成了医学巨著《本草纲目》。

李时珍出自医学世家，父亲和祖父都是医生。李家院子种满了药草，李时珍还在学习走路的时候就对草药产生了浓厚的兴趣。他看着这些花草发芽、开花、结果，看着它们长为草药，给人治病。随着年龄增长，他对这些草药的性味功效更加了解。

当时，医生的社会地位卑微，李时珍的父亲希望儿子读书走入仕途，为家族带来荣耀。而李时珍聪颖，十四岁考中了秀才。但他毕竟酷爱医学，又常常和父亲一起出诊，帮忙誊抄药方，耳濡目染，对医学的兴趣越来越浓。从十七岁起，李时珍连续三次乡试皆名落孙山。

父亲最终放弃了他的想法，任由儿子发展。李时珍一心一意地当起了郎中。李时珍告诉父亲他想重修本草，父亲虽然对他的理想表示赞赏，但这么大的工程恐怕只有朝廷能做到，而且李时珍自身的学识还不够，需要通过读书来积累。

以后的十年，李时珍全力研读医学著作，熟读了《黄帝内经》《本草经》《伤寒杂病论》等古典医籍，还阅读了大量花草树木的资料，单是记的笔记就塞满了几柜子。

李时珍医术精湛，逐渐传到贵族宗室，后来因为治愈楚王世子的暴厥和其他人的疑难杂症而出名，被举荐为太医院医官。在这里，李时珍接触了大量的医学典籍和药物标本，夜以继日地研读、摘抄和绘图，汲取着前人的智慧。与此同时，他多次向太医院提出编写新本草的建议。然而，他的建议不仅没有受到重视，还遭到许多人无端的攻击和讽刺。一年后，李时珍告病还乡。

从东汉《神农本草经》问世到李时珍诞生前的四百多年，历代都有医学著作，但没有一部书能对医药概括总结。李时珍挑起重担，开始着手重修本草。但是世界上有那么多的药物，李时珍对它们的性状、习性和生长情况，很难做到逐一心中有数。比如，白花蛇本来分布在蕲州，但他从药贩子那里买到的可能是用另一种蛇冒充的，和书中描绘的大相径庭。那么，真正的白花蛇长什么样呢？为了得出答案，李时珍跟着捕蛇人亲自上山，捉到了一条白花蛇，仔细一看，果然和书中描绘的一样。

从此，李时珍走出家门，亲自踏访山间田野，辨认药物。他的足迹遍及大江南北，行程两万余里。为了学到更多药物知识，李时珍虚心请教遇到的农民、渔民、樵夫、猎人、矿工，学到了书本上不曾有过的药物知识。

李时珍来到北方，寻找传说中能让人麻醉的曼陀罗花，找到之后，又亲自尝试它的性能，才有了书中记载的"割疮灸火，宜先服此，则不觉苦也"。之前的书说大豆可以解百种毒，李时珍经过试验后证实，大豆加上甘草后才有好的解毒效果。

明朝嘉靖帝沉迷丹药，追求长生不老。方士们投其所好，炼了大量

丹药。他们所提供的丹药，所用材料多为水银、铅、丹砂、硫黄、锡等有毒物质。李时珍以众多服用丹药后死亡的案例，驳斥"丹药能让人长寿"的说法。

李时珍呕心沥血，终于完成了具有划时代意义的药物学巨著——《本草纲目》。这部巨著有一百九十多万字，书中编入药物一千八百九十二种，提供药方一万一千多个，插图一千一百多幅。其规模之大，超越了之前任何本草著作。此著作综合了植物学、动物学、矿物学、化学、天文学、气象学等许多领域的科学知识。

第二十四章

至诚昭示天地

本章的重点是心诚则灵。心灵达到了至诚的境界，不能被私心杂念所影响，就能了解世间万物的根本规律。只有自己首先真诚，然后才能对他人诚实。至诚与天地同辉。

"抑扬顿挫"读原文

至诚之道，可以前知。国家将兴，必有祯祥①；国家将亡，必有妖孽②。见乎蓍龟③，动乎四体④。祸福将至：善，必先知之；不善，必先知之。故至诚如神⑤。

"字斟句酌"查注释

① 祯（zhēn）祥：吉祥的预兆。

② 妖孽：物类反常的事物。草木之类为妖，虫豸之类为孽。

③ 见（xiàn）：通"现"，呈现。蓍（shī）龟：蓍草和龟甲，用来占卜。

④ 四体：四肢，此指人的行为举止。

⑤ 如神：像鬼神一样玄妙，不可言说。

"古文今解"看译文

掌握至诚之道，就可以提前知道未来的事情。国家将要兴盛，一定先有吉兆；国家将要灭亡，必定先有诡异的事情。这些预兆表现在卜筮时的蓍草、龟甲之上，影响着人们的行为举止。祸福将要到来的时候：好的，一定能预先知晓；不好的，也一定能预先知晓。所以说，掌握至诚的人就好像神明一样玄妙。

"诸子注说"解经义

郑玄："天不欺至诚者也。祯祥、妖孽，蓍龟之占，虽其时有小人愚主，皆为至诚能知者出也。"

孔颖达："国家之将兴，必先有嘉庆善祥也。至诚之道，先知前事，如神之微妙，故云'至诚如神'也。"

朱熹："凡此皆理之先见者也。然唯诚之至极，而无一毫私伪留于心目之间者，乃能有以察其几焉。"

"以史为鉴"读案例

诸葛亮七擒孟获

东汉末年，魏、蜀、吴三分天下。蜀汉建立后不久，刘备托孤白帝城，将复兴汉室的大业托付给诸葛亮。诸葛亮回到成都，扶助刘备之子刘禅继承帝位。刘禅即位后，国家的军政大事都由诸葛亮负责，他兢兢业业，希望能让蜀汉兴盛起来。

此时，蜀国南部的蛮夷在孟获的统帅下起兵叛乱，诸葛亮当即决定起兵征讨。

诸葛亮率军一路南进，节节胜利。诸葛亮听说孟获骁勇善战，在蜀南地区各族中颇有威望，就决心把他争取过来。随即下令：只许将孟获活捉，不能伤他。

双方第一次对垒，孟获就被蜀国大将魏延活捉了。魏延押着战俘来见诸葛亮。帐中早就排列好刀枪剑戟，军士分列左右，诸葛亮稳坐军中。首先来的是被俘虏的蛮兵，诸葛亮命人给他们松绑，好言安抚，表示他们都是善良的百姓，只是受命于孟获，在外征战被俘，家里人一定很担心，现在放他们回去和家人团聚，还送他们粮食。这些蛮兵都很感动，流泪拜谢后才离去。

后来孟获被押着进来了。诸葛亮问他："我今天抓住了你，你心里服不服气？"孟获回答："胜败乃兵家常事，你敢不敢让我回去，咱们再决一雌雄？要是再被你抓了，我才服你。"诸葛亮就命人给他松绑，给他穿戴整齐，又请他吃过酒菜，牵了马匹，派人送他出去。

孟获在回去的路上收拢残兵，集结兵马。结果这次孟获麻痹大意，被蜀军截断了粮道，他被手下捆了送到诸葛亮面前。

诸葛亮笑着问孟获："上次你说过，要是再被我捉住，就会归降，现在你觉得如何？"孟获还是不服："这次不算你有本事，是我的手下暗算我，才让你捉住我，我怎么会服你！"诸葛亮又问："我今天再放你回去怎么样？"

孟获说："我虽然是蛮人，但也懂一些兵法，如果丞相真的放我回去，我就再带领人马和你决一胜负。如是你还能擒住我，那我一心一意归降，不再改变了。"于是诸葛亮放他回去了。

孟获与其弟孟优商量诈降之计，决定由孟优带领少量人马和一些金银珠宝假装投降，待蜀军不备时，孟获再前来攻击，兄弟二人里应外合。可是孟优刚进入大帐，就被诸葛亮识破了计谋，赐予蛮兵美酒。等到半夜时分，孟获前来攻营，发现孟优他们一个个倒在帐中，都不能动弹。原来诸葛亮早就在酒里下药了。孟获自投罗网，和他弟弟一起被活捉。

诸葛亮指着孟获说："你这点儿伎俩怎么瞒得过我！这次又被我擒住，你服了吗？"孟获说："这次是我弟弟贪恋美酒而耽误大事，如果是我诈降，我弟弟来攻营的话，一定可以成功。这次是运气不好，不是我能力不行，怎么会心服？"诸葛亮说："抓了你三次了，怎么还不服气！"孟获低头不语。诸葛亮笑道："我再放你回去。"诸葛亮这次告诫孟获，让他再去研究兵法，然后放孟获回去了。

孟获回去后立刻整顿军队，准备作战。忽然有探子来报，说发现诸葛亮正独自一人在阵前勘察地形。孟获大喜，准备带人去捉拿诸葛亮。不料这次他又中了诸葛亮的埋伏，第四次被擒。孟获依然不服气，诸葛亮就又放了他。

孟获回到营中后，有个叫杨锋的洞主，带了五个儿子前来助阵，却在酒宴之中趁机把孟获兄弟绑了，直接送到蜀军帐中。原来杨锋和几个儿子跟随孟获遇到诸葛亮，也是几次被抓几次被放，感念诸葛亮的恩德，才想报答。但孟获依然喊着是内贼作乱，不算诸葛亮的本事，心中依然不服。诸葛亮第五次放了孟获。

孟获回去后，投靠了木鹿大王。木鹿大王能够控制当地的野兽作战，这令蜀军难以招架。南兵一度占据了上风。后来，诸葛亮想出了应对办法，他们造出比野兽更大的假兽，猛兽们看到假兽十分害怕，就后退了。蜀军获胜，孟获又被擒了。这次孟获心里依然不服气。诸葛亮也看出来孟获依然不服气，就第六次放他回去了。

孟获回去后，又投奔了乌戈国。乌戈国国王拥有一支英勇善战的藤甲兵，所装备的藤甲刀枪不入。诸葛亮对此早有准备，他用火攻将乌戈国士兵全部烧死在一处山谷里。孟获第七次被擒，这次诸葛亮故意什么也不说，假装直接要放了他。但孟获和其他土著首领对诸葛亮彻底信服了，不肯离去。孟获跪下说："您代表着天上的神威，南中人不再反叛了！"诸葛亮见他心服口服，觉得可以任用，便委派他掌管南蛮之地，孟获深受感动。

此后，南中再也没有出现叛乱，而诸葛亮安心回到成都，去准备北伐大计。

第二十五章

成全万物的能力

　　儒家强调道德的自我觉醒。真实是事物的根本规律，也是事物的起点和归宿。真诚是自我的内心完善。所以，想达到真诚，就要做到物我同一。

"抑扬顿挫"读原文

　　诚者，自成也①；而道，自道也。诚者，物之终始；不诚无物。是故，君子诚之为贵。诚者，非自成己而已也②，所以成物也。成己，仁也；成物，知也③。性之德也，合外内之道也，故时措之宜也④。

"字斟句酌"查注释

①　自成：自我成全，自我完善。

②　成己：完善自己。

③　知：同"智"。

④　时措：适时实施。宜：适宜。

"古文今解"看译文

诚是自我完成的，而道是自己履行的。诚的精神通贯万物的始终，不诚就没有事物了，所以君子最重视诚。至诚的人不仅自我完善而已，还要完善身边的事物。成就自己属于仁，完善身边的事物属于智。仁和智都是本性固有的品德，成己、成物是内外结合的方式，所以不论何时都适宜。

"诸子注说"解经义

朱熹："诚者物之所以自成，而道者人之所当自行也。诚以心言，本也；道以理言，用也。"

郑玄："人能至诚，所以'自成'也。有道艺，所以以自道达。"

郑玄："大人无诚，万物不生，小人无诚，则事不成。贵至诚。"

朱熹："天下之物，皆实理之所为，故必得是理，然后有是物。所得之理既尽，则是物亦尽而无有矣。故人之心一有不实，则虽有所为，亦如无有，而君子必以诚为贵也。盖人之心能无不实，乃为有以自成，而道之在我者亦无不行矣。"

郑玄："以至诚成己，则仁道立。以至诚成物，则知弥博。此五性之所以为德也，外内所须而合也，外内犹上下。"

"以史为鉴"读案例

用至诚唤醒天性

王伽，隋朝章武（今河北黄骅西北）人，任雍州县令。

开皇（581—600）末年，王伽出任齐州参军，开始只是做一些琐事，没有什么突出的政绩。后来他受到州官委派，押送被流放的囚犯李参等七十多人到京师去。当时规定，凡是被判流放的犯人，押解途中必须戴着枷锁。走到荥阳时，王伽看到囚犯戴着枷锁走路十分凄惨痛苦，就把他们召集起来对他们说："你们触犯了国法刑律，不仅损害了自身名誉，使自己遭到监禁，也愧对家人的教养。让你们戴着枷锁长途行路，是我的职责，现在又要劳累这些兵卒看守你们，跟着你们一起受苦，难道你们内心不觉得愧疚吗？"囚犯们接受训导，表示服从。

王伽接着说："你们虽然触犯了国家的法律，但是，戴着枷锁行走也是十分辛苦的。我的想法是给你们去掉枷锁，让你们轻松自由地走到京城后集合。你们能够如期赶到吗？"

这些囚犯们听后，全体跪拜致谢，说："我们一定不敢违期。"

于是王伽去掉了他们身上的枷锁，解散了看守护送的兵卒，同他们约定了赶到京城集合的日期。王伽说："如果有人在这一天没来，那么我来替他承担死罪。"说完转身而去。

这些被流放的囚犯感恩王伽对他们的信任，全部按期到京城集合，没有一个人逃走。

皇帝听到这件事后，感到非常惊异。于是召见王伽，对他的做法大加赞赏。然后，又召见这些囚犯，允许他们带着各自的妻子儿女前往晋谒，并在朝廷上赐宴，赦免他们的罪过。

之后，王伽被提拔为雍县县令。王伽的行为说明：以宽仁之心，至诚待物，就会达到教化的功效。

天地之间的大道

　　本章讲了三个方面。首先说圣人是至诚的，最大真诚是永不停息的。长期积累，就会达到至高的境界，承载万物，永存于天地之间。其次讲天地，认为天地万物之道也是真实无妄的，天地博厚、高明、悠久，所以圣人与天地同德。最后，赞扬了文王的道德，认为文王的道德和天道相通。

"抑扬顿挫"读原文

　　故至诚无息①。不息则久，久则征②。征则悠远，悠远则博厚，博厚则高明。博厚，所以载物也；高明，所以覆物也；悠久，所以成物也。博厚配地，高明配天，悠久无疆③。如此者，不见而章④，不动而变，无为而成。

"字斟句酌"查注释

　　① 息：休止，停止。

②征：征验，显露于外。

③无疆：没有尽头。

④见（xiàn）：通"现"，显现。章：彰明。

"古文今解"看译文

所以至诚没有停止的时候。不停止就能持久，持久就能验证。能验证就能悠长久远，悠长久远就能广博深厚，广博深厚就能高大光明。广博深厚，能承载万物；高大光明，能覆盖万物；悠长久远，能成就万物。广博深厚，可以与地相配；高大光明，可以与天相配；悠长久远，犹如时间的无尽无穷。这样的至诚，不须表现而自然彰明，不须行动而自然变化，无所作为而自然成功。

"诸子注说"解经义

孔颖达："至诚之德，所用皆宜，无有止息，故能久远、博厚、高明，以配天地也。"

朱熹："既无虚假，自无间断。"

孔颖达："以其不息，故能长久也。以其久行，故有征验。"

朱熹："久，常于中也。征，验于外也。"

郑玄："至诚之德既著于四方，其高厚日以广大也。"

朱熹："存储中者既久，则验于外者，益悠远而无穷矣。悠远，故其积也，广博而深厚；博厚，故其发也，高大而光明。"

孔颖达："以其德博厚，所以负载于物。以其功业高明，所以覆盖于万物也。以行之长久，能成就于物。此谓至诚之德也。"

朱熹："悠久，即悠远，兼内外而言之也。本以悠远至高厚，而高厚又悠久也。此言圣人与天地同用。"

朱熹："此言圣人与天地同体。"

孔颖达："圣人之德如此博厚高明悠久，不见所为而功业章显，不见动作而万物改变，无所施为而道德成就。"

"以史为鉴"读案例

辛弃疾取号"稼轩"

辛弃疾（1140—1207），原字坦夫，后改字幼安，中年后别号稼轩，山东东路济南府历城县（今山东济南历城区）人。南宋官员、将领、文学家，豪放派词人。出生时山东已为金人所占领，立志报国。早年与党怀英齐名北方，号称"辛党"。青年时参与耿京起义，擒杀叛徒张安国，回归南宋，献《美芹十论》《九议》等，条陈战守之策。先后在江西、湖南、福建等地为守臣，平定荆南茶商赖文政起事，又力排众议，创建飞虎军，以稳定湖湘地区。由于与主和派政见不合，故而屡遭劾奏，数次起落，最终退隐山居。开禧三年（1207）病逝，获赠少师，谥号"忠敏"。一生以恢复为志，以功业自诩，却命途多舛，壮志难酬，有《稼轩长短句》等传世。

辛弃疾所处的时代，宋金战争频繁，南宋朝廷无力控制，地方豪杰并起。耿京在山东聚集人马，自称"天平节度使"，是山东、河北一带的实际控制者。辛弃疾南下途中被路途所阻，便留下任掌书记，并劝说耿京归属宋朝，抗击金国侵略。于是耿京委

派辛弃疾去联络南宋朝廷。正值宋高宗在建康劳军，辛弃疾得到皇帝的召见，被授予承务郎天平节度使掌书记的官职，赐予节度使印和文告，受命召抚耿京。

然而，令人意想不到的是，在辛弃疾南下期间，耿京的军队发生动乱，耿京被部下张安国、邵进杀害，他们向金国投降，成为金国的帮凶。

面对这个局面，辛弃疾说："我受到委任，为朝廷奔走，没想到会出现这样的变故，如何向朝廷复命呢？"于是，他约了忠义之人直接潜入金国的军营。当时张安国等人正在与金将饮酒，没有防备。辛弃疾当即将他捆绑带走，迅速撤离，金人惊愕不已，然而当他们回过神来，辛弃疾早就走了。辛弃疾将张安国押送朝廷，朝廷当即将其在闹市中正法。辛弃疾的这一壮举受到了朝廷的赞赏，被任命为江阴检判。

辛弃疾说，人的成就，在于自己的辛勤劳动，付出了汗水，就会有回报。无论做什么，都要种好自己的土地，经营好自己的事业。生长在北方的人，生活所需，以自给自足为习俗，不依赖别人，因此也不至于一夜暴富和一贫如洗。南方风尚则不同。他们以经商投机营利为主，以技巧为手段，轻视农业生产。并且，只以利益为目标，互相吞并，土地、财富只在少数人之间流动，贫富悬殊，致使各种忧患并起，穷人和富人之间势同水火。从此，辛弃疾就以"稼"命名自己的书房，并自号"稼轩"。

"抑扬顿挫"读原文

天地之道，可一言而尽也①：其为物不贰，则其生物不测。天地之道：博也，厚也，高也，明也，悠也，久也。今夫天，斯昭昭之多②，及其无穷也，日月星辰系焉，万物覆焉。今夫地，一撮土之多③，及其广厚，载华岳而不重，振河海而不泄④，万物载焉。今夫山，一卷石之多⑤，及其广大，草木生之，禽兽居之，宝藏兴焉。今夫水，一勺之多，及其不测，鼋鼍蛟龙鱼鳖生焉⑥，货财殖焉。

"字斟句酌" 查注释

① 一言：一字，即"诚"。
② 斯：此。昭昭：光明的样子。
③ 撮：容量单位。一撮为一升的千分之一，意为很少。
④ 振：整顿，整治，引申为约束。
⑤ 一卷（quán）石：一拳头大的石头。卷，通"拳"。
⑥ 鼋（yuán）：大鳖。鼍（tuó）：扬子鳄，古称"猪婆龙"。

"古文今解" 看译文

天地的道理可以用一个"诚"字概括尽了：天地作为事物是诚一不贰的，那么其化生万物的奥妙就深不可测了。天地的道理广博，深厚，高大，光明，悠长，久远。现在讲这天空，说小，就这么一块昭明的地方，而论及它的无穷，上面有日月星辰，下面包含着神州万物。现在讲这大地，说小，就这么一把土的大小，论及它的广阔和深厚，承载华山而不觉得沉重，容纳黄河、大海而不会泄漏，上面承载着万物。现在讲这山，说小，就这么拳头般大小的石头，论及它的高大，草木在山上生长，禽兽在山中居住，宝藏从山内开发。现在讲这水，说小，就这么小小的一勺，论及它的深广不测，生养着鼋鼍蛟龙鱼鳖，各种有价值的东西在里面繁殖。

"诸子注说" 解经义

郑玄："其德化与天地相似，可一言而尽，要在至诚。至诚无贰，乃能生万物多无数也。"

朱熹："复以天地明至诚无息之功用。天地之道，可一言而尽，不过曰诚而已。不贰，所以诚也。诚故不息，而生物之多，有莫知其所以然者。"

郑玄："此言其著见成功也。"

朱熹："天地之道，诚一不贰，故能各极所盛，而有下文生物之功。"

郑玄："天之高明，本生'昭昭'；地之博厚，本由'撮土'；山之广大，本起'卷石'；水之不测，本从'一勺'。皆合少成多，自小致大，为至诚者，亦如此乎！"

"以史为鉴"读案例

皇甫谧：对人生负责

皇甫谧（215—282），幼名静，字士安，自号玄晏先生。安定郡朝那县（今甘肃平凉灵台县）人，后徙居新安（今河南洛阳新安县）。三国西晋时期学者、医学家、史学家。一生以著述为业，后得风痹疾，仍然手不释卷。晋武帝时累征不就，自表借书，武帝赐书一车。在医学史和文学史上都负有盛名，被誉为"针灸鼻祖"。

皇甫谧虽然出身名门，但年幼时父母就去世了，过继给叔父，十五岁时随叔父迁居新安，在战乱中度过了童年和少年时期。自幼贪玩不习上进，跟村童编荆为盾，执杖为矛，分阵相刺，嬉游习兵，大家都以为他疯癫。

　　有一天，他不知从哪儿得到了几个瓜果，就拿给自己的叔母任氏吃。任氏说："《孝经》中说，即便每餐都有牛、羊、猪的鲜美肉食来奉养老人，仍然不能称为孝。你现在已经年过二十了，眼睛不识字，行为没有教养，心中不懂道理，没什么本事能让我欣慰。"并叹息道："听说孟子的母亲为了培养孟子成才，多次迁居，最终成就了孟子的仁德；曾子的父亲信守诺言，果断杀猪，使诚实的美德得以延续。难道是因为我没选择好的邻居，教育方法出现问题所造成的吗？不然，你怎么如此愚笨不化啊！修养德行，勤奋苦读，是为了你自己的前途，受益的是你自己啊！对我来说，又有什么好处呢？"任氏说着说着就伤心地哭了。

　　皇甫谧内心受到极大的震撼，他幡然悔悟，于是拜同乡人席坦为师，接受教育，勤学不倦。因为家贫，就自己耕读持家，边种田边看书，伴着经典入睡。就这样，他博通典籍，深刻领悟百家理论，并把著书立说作为人生理想。晋武帝司马炎下诏命他做官，他拒不赴任。其著作有《礼乐》《圣真》等，其中《针灸甲乙经》是中国第一部针灸学的专著。

"抑扬顿挫"读原文

　　《诗》云[1]："维天之命，於穆不已[2]！"盖曰天之所以为天也。"於乎不显[3]，文王之德之纯！"盖曰文王之所以为文也，纯亦不已。

"字斟句酌"查注释

　　①《诗》云：《诗经·周颂·维天之命》中说。
　　②於（wū）：语气词。不已：不停止。

③不（pī）：通"丕"，大。显：明显。

"古文今解"看译文

《诗经·周颂·维天之命》中说："天道的运行，庄严肃穆地运转不已！"这是说天之所以成为天的道理。此诗接着说："啊！这岂不显明，文王道德的精纯。"这是说周文王之所以名为文王的道理，他的纯德也像天一样运行不已。

"诸子注说"解经义

郑玄："天所以为天，文王所以为文，皆由行之无已，为之不止，如天地山川之云也。《易》曰'君子以顺德，积小以成高大'是与。"

朱熹："引此以明至诚无息之意。"

程子："天道不已，文王纯于天道，亦不已。纯则无二无杂，不已则无间断先后。"

"以史为鉴"读案例

王畅：仁德化育

王畅（？—169），字叔茂，东汉山阳郡高平县（今山东邹城西南）人。出身名门望族，年轻时以清正朴实受到世人尊敬，且不愿与他人结党。初举孝廉，托病不就；后特辟举茂才，四迁尚书令，任为齐相；征拜司隶校尉，南阳太守。以严明著称，后采纳张敞劝谏，推崇宽政，教化遂行。后升任司空。

南阳是汉光武帝刘秀的故乡，皇室亲贵多仰仗权势横行当地。以前的太守惧怕他们，都不敢管理。王畅对此感到不平，上任伊始，对有劣迹和前科的权贵，他一律严惩不贷。但朝廷大赦，这些犯法之徒又被释放。王畅对此愤愤不平，又制定了更加严酷的法规。王畅下令，凡受赃二千万以上不自首者，没收全部家产；凡隐匿不报者，一经查实，则派官吏拆屋伐树，填井夷灶。号令一出，豪族贵戚大为震惊。

针对这个情况，功曹张敞上书建议说：“我认为，与其推行严刑，不如对他们实施恩惠；与其孜孜用心地查找奸恶，不如以礼对待贤明之人。舜帝用了皋陶，那些品德卑微的人渐渐改恶从善；随会执政，晋国的强盗就都离开了；虞芮经过的地方，礼敬谦让的风气就在那里兴起了……教化人的关键不在于严密的刑法，而是实行德政。”

王畅听取了张敞的建议，改变了严苛的刑罚，实行宽和的政策，谨慎用刑，简化审理程序，减轻刑罚程度。于是，社会逐渐建立起良好的秩序，南阳的风气大为改观。

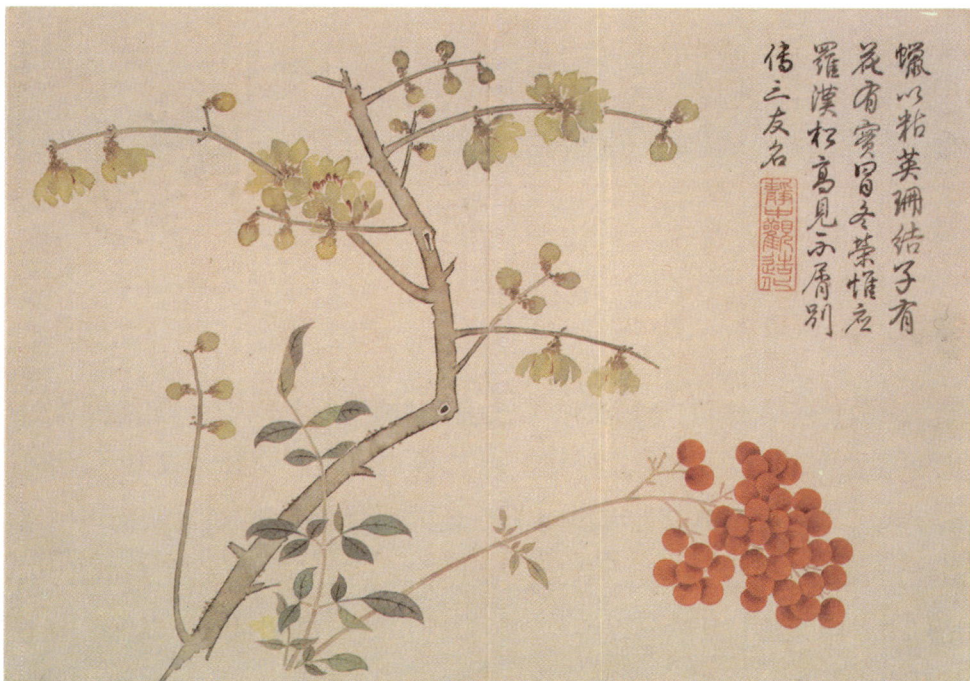

第二十七章

圣人之道的伟大

　　本章讲述了三个层次。第一层大大地赞扬了圣人之道，认为其像天一样广博而浩瀚，滋养万物。第二层讲的是圣人之道必须由道德高尚的人来承担，礼仪也要由道德高尚的人来实行。追求高尚道德是很难的，因此要加强修养。所以君子既要追求道德又要追求学问。第三层讲的是智。人的社会地位不同，需要做到"居上不骄，为下不倍"。政治清明时，要让国家振兴；政治混乱时，要保持沉默。

"抑扬顿挫"读原文

　　大哉！圣人之道！洋洋乎①！发育万物，峻极于天②。优优大哉③！礼仪三百④，威仪三千⑤，待其人然后行。故曰："苟不至德⑥，至道不凝焉⑦。"故君子尊德性而道问学⑧，致广大而尽精微，极高明而道中庸。温故而知新，敦厚以崇礼。是故，居上不骄，为下不倍⑨。国有道，其言足以兴，国无道，其默足以容⑩。《诗》曰⑪："既明且哲，以保其身。"其此之谓与！

"字斟句酌" 查注释

① 洋洋：盛大，浩瀚无边。

② 峻极：高峻到极点。

③ 优优：充足宽裕。

④ 礼仪：古代礼节的主要规则，又称"经礼"。

⑤ 威仪：古代典礼中的动作规范及待人接物的礼节，又称"曲礼"。

⑥ 苟不至德：如果没有极高的德行。苟，如果。

⑦ 凝：凝聚，引申为成功。

⑧ 问学：询问，学习。

⑨ 倍：通"背"，背弃，背叛。

⑩ 默：沉默。容：容身。此处指保全自己。

⑪《诗》曰：《诗经·大雅·烝民》中说。

"古文今解" 看译文

　　伟大呀！圣人之道！浩瀚无边！发育万物，它高峻达天。充裕宽和而博大呀！大的礼仪约有三百，细的仪节约有三千，等待那有德之人出来才能施行。所以说，假如不是具备最高德行的人，那最伟大的道理就不会凝聚形成。因此，君子一定要尊重德行而从事学问，致力于广博而又尽心于精微，达到高明境界而又遵循中庸之道。温习已知而又增进新知，敦实笃厚以崇尚礼义。所以君子身居上位而不骄傲，身为臣下而不悖逆。国家有道时，他的言论足以振兴社会。国家无道时，他的沉默足以避祸容身。《诗经·大雅·烝民》中说："既聪明又有见识，可以保全自身。"所说的就是这样啊！

"诸子注说" 解经义

　　孔颖达："圣人之道高大，与山相似，上极于天。"

　　朱熹："道之极于至大而无外也。"

孔颖达："圣人优优然宽裕其道。"又说："三百、三千之礼，必待贤人然后施行其事。"

朱熹："道之入于至小而无间也。"

郑玄："为政在人，政由礼也。"

孔颖达："古语先有其文，今夫子既言三百、三千待其贤人始行，故引古语证之。苟诚非至德之人，则圣人至极之道不可成也。"

"以史为鉴"读案例

晏子正礼

晏子即晏婴（？—前500），姬姓，晏氏，字仲，夷维（今山东高密）人，春秋时期齐国著名政治家、思想家、外交家。晏子聪明智慧，有很多有趣的历史故事流传。

齐国有一个财主，自恃有大量土地和财产，就在村里横行霸道。他强行规定，村民在村子里只要见到他，就必须向他低头行礼，否则就要被他处罚。

晏子听说后，就穿着破破烂烂的衣服去往这个村子。刚走到村口，正好遇到这个财主在耀武扬威。财主也看到了穿着破烂的晏子，他大声喝道："穷小子，过来！快点向我行礼！"

"我并不需要你的施舍，为什么要向你行礼？"晏子反问道。

"方圆几里，我是最富的人，也是最有势力的人，谁敢不向我表达敬意，我就处罚他！"财主盛气凌人地说。

晏子没理他。路人听到他俩谈话，纷纷过来围观。财主感到下不来台，内心有些郁闷。于是他心生一计，装作大度的样子，说："那我们来比一比，看谁现在兜里的钱多，钱少的就要向钱多的人行礼，如何？"

晏子问："你有多少钱？"

财主随手从兜里掏出一堆钱，又问晏子："你有多少钱？"

晏子回答："我没钱，但我有礼！"

财主说："你没钱，就得向我行礼！"

晏子说："你虽然有钱，但是你却需要我的礼。我不需要你的钱，我为什么又要向你行礼呢？"

财主说："那么，用我的钱买你的礼如何？"

晏子问："怎么个买法？"

财主说："我把一半的钱给你，你向我行礼，如何？"

晏子从容地把钱收下，然后理直气壮地问："现在咱们的钱一样多，我更没必要向你行礼了！更何况你这点儿钱哪够买我的礼呢？"

围观群众看到财主被晏子这样戏弄，都痛快地大笑起来。

财主气急败坏地拿出剩余的钱，说："好吧，穷小子，我把全部的钱都给你，这样你该向我行礼了吧？"

晏子接过钱，分给围观的人，然后对财主说："现在我们大家都有钱了，而你一点儿钱都没有，按照你的规矩，你应该向我们行礼！"

财主哑口无言。

第二十八章

用礼规范我们的行为

本章从礼仪的话题入手，反对自以为是、独断专行，谈的是素位而行的问题。做好自己该做的事情，承担自己应该担负的责任，忠于自己肩负的使命，不做自己力所不及的事情。

"抑扬顿挫"读原文

子曰："愚而好自用①，贱而好自专②，生乎今之世，反古之道③。如此者，灾及其身者也。"非天子，不议礼④，不制度⑤，不考文⑥。今天下，车同轨，书同文⑦，行同伦⑧。虽有其位，苟无其德，不敢作礼乐焉；虽有其德，苟无其位，亦不敢作礼乐焉。子曰："吾说夏礼⑨，杞不足征也⑩；吾学殷礼⑪，有宋存焉⑫；吾学周礼⑬，今用之，吾从周。"

"字斟句酌"查注释

① 自用：自以为是，凭主观意图行事。

② 自专：独断专行。

③ 反：通"返"，回复，引申为复兴。

④ 议礼：议订礼制。

⑤ 制度：作为动词，制订法度。

⑥ 考文：考订规范文字。

⑦ 书同文：字体统一。

⑧ 行同伦：伦理道德相同。

⑨ 夏礼：夏朝的礼制。

⑩ 杞：诸侯国名，传说周武王封夏禹的后代于此，故城在今河南杞县。

⑪ 殷礼：商朝的礼仪制度。商朝自盘庚迁殷后一般称"殷"，也称"殷商"。

⑫ 宋：诸侯国名，商汤的后代居于此，故城在今河南商丘市南。

⑬ 周礼：周朝的礼仪制度。

"古文今解" 看译文

孔子说："愚昧而喜欢刚愎自用，卑贱却喜欢独断专行，生于现在的时代，偏要返回古代的治国路线。像这样的人，灾祸就要降到他的身上了。"不是天子就不应该制定礼仪，不能创建法度，不能考订字体。如今天下一统，车辙的距离相同，书写的文字相同，行为的伦理观念相同。虽然身有天子之位，如果没有圣人之德，仍然是不敢制礼作乐的。虽然有圣人之德，如果没有天子之位，也同样是不敢制礼作乐的。孔子说："我述说夏代的礼法，可是作为夏朝后裔的杞国，却不足以验证；我学习商朝的礼法，如今还有商朝后裔宋国存在；我学习周朝的礼法，今天还在使用，所以我遵从周礼。"

"诸子注说" 解经义

郑玄："'反古之道'，谓晓一孔之人，不知今王之新政可从。"

孔颖达："寻常之人，不知大道。若贤人君子，虽生今时，能持古法，故《儒行》云'今人与居，古人与稽'是也。"

郑玄："此天下所共行，天子乃能一之也。"

孔颖达："礼由天子所行，既非天子，不得论议礼之是非。不敢制造法度及国家官室大小高下及车舆也。亦不得考成文章书籍之名也。"

孔颖达："人所行之行，皆同道理。"

孔颖达："当孔子时，礼坏乐崩，家殊国异，而云此者，欲明己虽有德，身无其位，不敢造作礼乐，故极行而虚己，先说以自谦也。"

郑玄："吾能说夏礼，顾杞之君不足与明之也。"

"以史为鉴"读案例

卜式放羊治国

卜式（生卒年不详），西汉时期河南郡（今河南洛阳）人。因出资赞助朝廷，拜为中郎，赐爵左庶长，先后升任齐相，赐爵关内侯，御史大夫。

卜式自幼家境贫寒，靠种地和放牧为生。父母很早就去世了，还有一个年幼的弟弟，卜式一边照顾弟弟，一边辛勤劳作。等到弟弟长大成人，卜式就把家产留给弟弟，自己带着一百多只羊去山里放牧。

十多年过去了，卜式的羊群从一百多只增长到一千多只，他重新给自己购置了房屋和田地，生活富足。可是卜式的弟弟这些年不劳而获，把家产都给耗尽了。卜式见状，毫不犹豫地再把家产分给弟弟，如此这般好几次，周围乡亲都对卜式大加赞赏。

当时，西汉朝廷大规模地集结军队，准备进攻匈奴。卜式听说后，就上书朝廷，希望捐出自己的一半家财给国家。

汉武帝觉得奇怪，就派一个使者去找卜式。使者问卜式："你是想要做官吗？"

卜式回答："我小时候一直放羊，没有学过如何做官，也过不惯官

吏的生活，我不想。"

　　使者又问："那你家里有什么冤情，希望说出来得到解决吗？"

　　卜式说："我从来没有跟人发生什么争执，同乡的人如果生活困难，我就送给他们钱财粮食，如果遇到行为不端的人，我就教育开导他们，我走到哪里，人们都对我很友好，我哪里来的冤情呢？"

　　使者只好问他："那你心甘情愿捐出一半家产，是想得到什么呢？"

　　卜式实话实说："皇上出兵征讨匈奴，我认为有能力的人应该去战场拼死作战，有财富的人就应该把钱捐出来，这样的话我们就能战胜匈奴了。"

　　使者将卜式的话汇报给汉武帝，汉武帝又和丞相公孙弘说了这件事，公孙弘认为："这种做法不符合人的本性。对那些图谋不轨的人，不能为利益而破坏法纪。请陛下不要答应他。"

　　于是汉武帝一直没给卜式答复。卜式一直等待着，过了几年，就回到田里继续放羊了。

　　过了一年多，汉朝军队屡次征战，匈奴王浑邪等人投降汉朝，但朝廷开支越来越大，国库亏空。第二年，中原的大量贫民开始向边境迁移，朝廷需要支出大量费用，但已经无法承担了。卜式就拿出二十万钱给河南太守，用来发给本地迁徙的民众。河南的其他富人受到卜式影响，也纷纷拿出钱来救济贫民。

河南太守主动把捐钱救济贫民的名单上报给朝廷，汉武帝一看到卜式的名字就想起了他："是以前想要捐出一半家产来帮助朝廷的那个人！"于是下诏给予卜式奖赏。但卜式又把这些赏赐退回给朝廷。

汉武帝为了表彰卜式，下诏拜其为中郎官，赐爵左庶长，赏田十顷，并特意宣告天下，使他的名字尊贵显赫，用他的良好品德教育、激励天下百姓。

开始的时候，卜式不愿意入朝做官，汉武帝对他说："我有一群羊养在树林里，你来帮我放牧吧。"卜式这才答应，穿着布衣草鞋就去放羊了。

一年后，汉武帝亲自到卜式牧羊的地方探访查看，发现羊都被喂得很肥美，羊群数量也增加很多，感到非常满意。卜式说："不仅仅是放羊，治理天下，管理人民也是这样。按照时令有规律地劳动和休息，把不合群的羊赶走，不让它影响败坏整个羊群。"

皇帝对他的话感到十分惊异，想让他用放羊的道理去试着治理人民，就将他升为缑氏令。后来因为看到卜式质朴忠诚，又升他为齐王太傅，后转做齐国的相国。卜式虽然只是个牧羊人，却活出了自己的风采。

第二十九章

天理人情的典范

　　这一章讲的是"三重"。"三重"指统一的制度，统一的礼节仪式，统一的书写文字。"上焉者"已经不可考证；"下焉者"指在下位的圣人，如孔子，虽然有美德，但没有位居高位，无法做到礼仪、制度、考文，而能王天下的人所持之道，要本诸自身道德，身体力行，取信于民，还要不违背自然规律，既要知道自然规律，又要了解社会民生，这样可订定和推行令天下人信服的道理、法度、准则，众望所归，受到赞誉。

"抑扬顿挫"读原文

　　王天下有三重焉①，其寡过矣乎！上焉者，虽善无征②，无征不信，不信民弗从；下焉者，虽善不尊③，不尊不信④，不信民弗从。

"字斟句酌"查注释

　　① 王（wàng）天下：做天下之王，统治天下。王，作动词，称王。三文：上文提到过的礼仪、制度、考文。

②上焉者：指夏、商时代的礼制。

③下焉者：指在下位的人，如孔子。

④不尊：没有尊位。

"古文今解"看译文

治理天下有议定礼法、创立制度、考订字体三件大事，如果做得好，那就很少过错了吧！夏商时代的制度虽好，但没有征验，而没有征验就不能取信，不能取信，那百姓就不肯遵从了。孔子这样身在下位的人，三事所做虽好，但地位不尊贵，而地位不尊贵也就不能取信，不能取信，那百姓也不肯遵从。

"诸子注说"解经义

孔颖达："为君王有天下者，有三种之重焉，谓夏、殷、周三王之礼，其事尊重，若能行之，寡少于过矣。"

郑玄："上，谓君也。君虽善，善无明征，则其善不信也。下，谓臣也。臣虽善，善而不尊君，则其善亦不信也。"

朱熹："上焉者，谓时王以前，如夏、商之礼虽善，而皆不可考。下焉者，谓圣人在下，如孔子虽善于礼，而不在尊位也。"

"以史为鉴"读案例

信为国宝

晋文公（前697—前628），姬姓晋氏，名重耳，春秋时期晋国君主，文治武功卓著，是"春秋五霸"中第二位霸主。

在春秋时期，周王室衰微，周天子的地位一落千丈。此时，国内动荡，外族侵略，晋文公率兵勤王，取得胜利。于是，周天子就把攒茅、阳樊、温、原四座城邑分封给晋文公，以表彰他的功德。

晋文公率兵接收土地。原地原本是周大夫伯贾的封地，因他兵败无功，周天子将他的地改封给晋文公。伯贾因此怀恨在心，连夜散播谣言说："晋兵围攻阳樊，屠杀了当地的百姓。"于是，原地的百姓十分恐惧，誓死坚守。

晋国大夫赵衰说："民之所以不归顺晋国，是因为没有建立起信义啊！如果体现出诚信，那么原地将不攻自服。"晋文公问："如何表示信义呢？"赵衰说："请命令军队，每人只带三天口粮，如果三天无法攻破原地，那么就撤兵。"

晋文公听取了他的意见，让士兵向城里喊话劝降："我军只带了三天粮草，三天期满，如果仍不能攻克，就立刻撤兵，绝不伤害你们！"

结果，晋国军队围了三天，原地仍不投降。晋文公决定撤兵。这时，原地人知道阳樊并没有被晋军屠城，就有人逃出城，与晋军说，愿意在明晚献出城池。

晋文公说："寡人约定三日为期，现在限期已到，立即退师，你们各自尽力守城，不要心存二意。"于是下令撤兵。他的部下请求再坚持一天，晋文公说："信誉是国家的至宝，是天下百姓生存的条件。如果以付出信誉为代价，即使得到了原地，又用什么来获取百姓的信任呢？"

原地的百姓奔走相告，说晋文公宁愿失城也不失信，是难得的有道之君。于是原地人争相出城投奔晋文公。

"抑扬顿挫"读原文

故君子之道，本诸身①，征诸庶民，考诸三王而不缪②，建诸天地而不悖③，质诸鬼神而无疑，百世以俟圣人而不惑。质诸鬼神而无疑④，知天也；百世以俟圣人而不惑⑤，知人也。是故君子动而世为天下道⑥，行而世为天下法，言而世为天下则。远之则有望⑦，近之则不厌。

"字斟句酌"查注释

①本诸身：本源于自身。
②三王：夏、商、周三代君王。缪（miù）：通"谬"，谬误。
③建：建立。悖：违背。
④质：质询。
⑤俟：等待。
⑥道：通"导"，先导。
⑦望：威望。

"古文今解"看译文

所以君王创立礼法制度的途径要根据于本身，征验于庶民。查考夏、商、周三代君王的制度而没有谬误，建立于天地之间而不悖逆自然，质证于鬼神而心无疑虑，等候百世后之圣人的审议而心不惶惑。之所以质证于鬼神而心无疑虑，这是由于自己通晓天理；之所以等候百世后之圣人的审议而心不惶惑，这是由于自己通晓人情。因此，君王的举动能够世世代代地作为天下的常规，君王的行为能够世世代代地作为天下的法度，君王的言谈信条能够世世代代地作为天下的准则。离君王远的人常有仰望之情，离君王近的人无厌恶之意。

"诸子注说" 解经义

朱熹："此君子，指王天下者而言。其道，即议礼、制度、考文之事也。本诸身，有其德也；征诸庶民，验其所信从也。建，立也，立于此而参于彼也。天地者，道也；鬼神者，造化之迹也。百世以俟圣人而不惑，所谓圣人复起，不易吾言者也。"

郑玄："知天、知人，谓知其道也。鬼神，从天地者也。《易》曰：'故知鬼神之情状，与天地相似。'圣人则之，百世同道。"

朱熹："知天知人，知其理也。"

"以史为鉴" 读案例

退避三舍

晋文公名重耳，是晋献公之子。晋献公听信谗言，派人捉拿重耳。重耳听到消息，连忙逃出晋国，此后十几年的时间一直在诸侯国之间辗转流亡。

后来，重耳来到楚国，此时楚国国君为楚成王。楚成王认为重耳将来一定大有作为，便以隆重的礼节来待他。有一天，楚成王宴请重耳，二人边喝酒边聊天，气氛轻松融洽。楚成王问重耳："如果未来您回到晋国当上国君,打算如何报答我呢?"
重耳想了想,回答说:"要说美女侍
从、珍宝丝绸这些,大王您有的是;
要说珍禽羽毛、兽皮等宝物,更是楚
国的特产。晋国又有什么物品能献给
大王的呢?"

楚成王说:"公子过谦了。话虽
这么说,可是您总该对我有一些表示
吧?"重耳笑了笑,回答道:"如果
真托您的福,我能回国当政的话,我
愿意让晋国和楚国保持良好的关系。
如果有一天我们之间不可避免地发生
战争,我一定命令军队向后退避三舍
(一舍等于三十里),如果这样还不
能得到您的宽恕而退兵的话,我再和
您交战。"

四年后,重耳真的回到晋国当上
了国君,是为晋文公。晋文公即位
后,整顿内政,发展生产,晋国越来
越强大。

后来,周王室发生内乱,晋文公
出兵勤王,受到周天子的赏赐。

再后来,楚成王派大将成得臣联
合陈、蔡、郑、许四国的军队,共五
国联军,进攻宋国。宋襄公之子宋成
公向晋文公求助,大臣们纷纷赞同出
兵:"楚国经常欺负我们中原诸侯,

主公想要扶持弱小的国家，建立霸业，现在机不可失！"

晋文公也意识到，如果想当上中原霸主，必须打败强大的楚国。于是他率领大军去救宋国。

晋军首先攻下归附楚国的两个小国——曹国和卫国，将两国国君俘虏。楚成王本不想与晋文公交战，一听说晋国出兵了，就命令成得臣退兵。但成得臣觉得都打到这一步了，一定可以拿下宋国，不肯半途而废，更不希望看到晋军来了就后退，就派手下对楚成王说："我虽然不敢说一定能赢，但一定和晋军拼杀到底。"

楚成王感到十分不快，但也没辙，就把大部分兵力撤回，没有全让成得臣指挥。

成得臣派人通知晋军，要求他们放掉卫、曹两国国君。晋文公却暗地里与这两个国君达成协议，只要他们和楚国绝交，晋国就恢复他们的君位。

曹、卫两国国君按照晋文公的意思和楚国绝交了，这令成得臣十分恼怒。成得臣确信是晋文公逼他们这样的。因此立刻下令全军赶到晋军驻扎的地方去。

晋文公见楚军过来了，立刻命令晋国军队往后撤。晋军部分将士很不理解，说："我们的统帅是国君，对方带兵的是臣子，哪有国君让臣子的道理？"狐偃就对他们解释说："打仗靠的是理直气壮。当年楚成王帮助过主公，主公在楚王面前答应过：若两国交战，晋国情愿退避三舍。今天后撤，就是为了履行当初的诺言。如果我们对楚国失信，那么我们就理亏了。但是我们现在退兵，他们还追过来的话，那就是他们理亏了，到时候再和他们交战也不晚。"

晋国军队一口气后退到城濮，布置好军阵等待楚军到来。

楚军看到晋军后撤，就不想进攻了，但成得臣依然咄咄相逼。于是，晋楚两国的战争拉开帷幕。刚交手，晋国军队就一路向后败退，他们的战车后面还拖着很多砍下来的树枝，战车后退时，扬起一阵阵的灰尘，看上去十分慌乱。

一向骄傲的成得臣从来没把晋军放在眼里，此时更认为晋国怕了他们，于是毫无顾忌地向前冲，这正中晋军下怀。晋军中最精锐的中军，从侧边猛冲过来，原来假装败退的一支晋军也迂回杀出，两支晋军前后夹击，把楚军打得溃不成军，仓皇败退。

城濮之战晋国击败楚国的消息传到周王室，周天子认为晋文公立了大功，还亲自来慰劳晋军。晋文公借此机会给周天子造了一座新的宫殿，并约各诸侯国前来开会，订立盟约。后来，晋文公得以成就霸业。

"抑扬顿挫"读原文

《诗》曰[1]："在彼无恶，在此无射[2]。庶几夙夜[3]，以永终誉。"君子未有不如此而蚤有誉于天下者也[4]。

"字斟句酌"查注释

①《诗》曰：《诗经·周颂·振鹭》中说。
②射（yì）：《诗经》作"斁"，厌弃。
③永：永远。
④蚤：通"早"。

"古文今解"看译文

《诗经·周颂·振鹭》中说："在那边没人怨恨，在这里没人厌恶。希望早起晚睡，借以永保荣誉。"身居上位的君子从没有不这样做而能早早在天下获得名望的。

"诸子注说"解经义

孔颖达："微子来朝，身有美德，在彼宋国之内，民无恶之，在此来朝，人无厌倦。故庶几夙夜，以长永终竟美善声誉。言君子之德亦能如此，故引《诗》以结成之。欲蚤有名誉会须如此，未尝有不行如此而蚤得有声誉者也。"

"以史为鉴"读案例

降低自己的姿态

王濬（206—286），字士治，小名阿童，西晋时期弘农郡湖县（今河南灵宝阌乡）人，出身世家，博学多闻，容颜英俊，多谋善战。举秀才出身，起家河东郡从事。历任益州刺史、抚军大将军、开府仪同三司、散骑常侍、后军将军等职位，帮助西晋灭掉东吴，完成统一大业。

咸宁五年（279）十一月，王濬率水陆大军自成都沿江而下，过瞿塘峡、巫峡，进至秭归附近。王濬率巴东监军、广武将军唐彬攻破吴丹阳（今湖北秭归东南），擒吴丹阳监盛纪。然后顺流而下，进入西陵峡，遇到了吴军阻拦。后设计攻破，攻克西陵。

王濬的军队战无不克，吴国望风而降。太康元年（280）三月，吴主孙皓自缚请降。

西晋统一后，王濬自认为功大，反而被王浑父子诬陷并遭到豪强压制，心中愤愤不平。每次觐见晋武帝，他都一再陈述自己在伐吴之战中立下了多大的功劳，以至于越说越激动，竟然没有向皇帝行礼就离开了。晋武帝大度地宽恕了他。时任益州护军的范通，是王濬的外戚。范通对他说："足下的功劳确实是不可磨灭的，然而令人遗憾的是没有做到尽善尽美啊！"

王濬问："怎么理解这句话的意思呢？"

范通诚恳地说："当时，足下胜利归来就应该立刻请辞，解甲归田，不要再提及伐吴的事情。如果你说'这是皇上的天威圣德、诸位将帅拼力作战所取得的必然结果，我有什么功劳可夸的呢？'这样，王浑能不惭愧吗？"

从此，王濬改变心态，按照范通的话去做，流言蜚语果然没有了。

第三十章

天地化育万物

　　本章从三个层次阐述。首先从人类历史看孔子，并和之前的尧、舜、文王和武王相联系，孔子不少的思想都是从他们那里继承来的。其次，从自然界来看孔子，自然界最广大的是天地日月，孔子与天地比肩，与日月同辉。最后，赞扬孔子博大宽容，形容事物的万物性与统一性。万物生长，天地化育，如同圣人的道德作用。

"抑扬顿挫" 读原文

　　仲尼祖述尧舜①，宪章文武②；上律天时，下袭水土③。辟如天地之无不持载④，无不覆帱⑤；辟如四时之错行⑥，如日月之代明⑦。万物并育而不相害，道并行而不相悖。小德川流，大德敦化⑧，此天地之所以为大也。

"字斟句酌" 查注释

　　① 祖述：效法、遵循前人的行为或学说。

②宪章：遵从，效法。

③袭：与上文的"律"近义，依顺，符合。

④辟：通"譬"。

⑤覆帱（dào）：覆盖。

⑥错行：交错运行，流动不息。

⑦代明：交替光明，循环变化。

⑧敦化：仁爱敦厚，化生万物。

"古文今解"看译文

孔子远承并称述唐尧、虞舜的传统，近效并彰明文王、武王的法度；上顺天时运行规律，下依水土地理环境。圣人之德好比天地那样，无不维持承载，无不覆盖遮护，好比四季的交替运行，犹如日月的交替光明。万物共同发育而不互相妨害，遵循各自规律而互不违背冲突。小德像河水长流不息不止，大德总敦厚淳朴，这便是天地之所以伟大的缘故。

"诸子注说"解经义

孔颖达："仲尼祖述始行尧、舜之道也。夫子发明文、武之德。夫子上则述行天时，以与言阴阳时候也；下则因袭诸侯之事，水土所在。此言子思赞扬圣祖之德，以仲尼修《春秋》而有此等之事也。"

朱熹："祖述者，远宗其道。宪章者，近守其法。律天时者，法其自然之运。袭水土者，因其一定之理。皆兼内外该本末而言也。"

孔颖达："孔子所作《春秋》，若以诸侯'小德'言之，如川水之流，浸润萌芽。若以天子'大德'言之，则仁爱敦厚，化生万物也。夫子之德比并天地，所以为大不可测也。"

"以史为鉴" 读案例

蔡元培 "兼容并包"

蔡元培（1868—1940），字鹤卿，又字仲申、民友、孑民，乳名阿培，浙江绍兴府山阴县（今浙江绍兴）人，清光绪进士。教育家、革命家、政治家。曾任北京大学校长，茛新北大，开"学术"与"自由"之风。

1917 年元月，蔡元培赴北大出任校长。当天，校工们在门口恭敬地排队向他行礼，蔡元培则摘下帽子，郑重其事地向校工们鞠了一个躬，这让校工和学生们大为惊讶。

蔡元培在北大推行的改革方针是"思想自由，兼容并包"，这也是他贯彻始终的办学原则。蔡元培认为，大学应该是研究高深学问的地方，应该吸纳各种人才，包容不同的学派。如果抱残守缺，只持有一家之言，就不可能成为高水平的大学。

蔡元培上任一周，就呈请教育部聘任陈独秀出任文科学长。蔡元培与陈独秀的个性完全不同，陈独秀年轻气盛，个性张扬，锐气逼人，而蔡元培外圆内方，很少发脾气，颇具鸿儒气度。但蔡元培看中陈独秀

的，就是他的锐气和毅力。

为了争取到陈独秀，蔡元培亲自登门拜访，但陈独秀习惯晚睡晚起，蔡元培到达后他还在睡梦中。蔡元培也不叫醒他，而是耐心地坐在门口，等待比他小一轮的陈独秀醒来。

然而，陈独秀这一阶段正在上海办杂志，并不打算接受北大的职位。蔡元培用诚意与胸怀打动了陈独秀，陈独秀接受了邀请，并决定把自己创办的《新青年》杂志搬到北京来办。而《新青年》恰恰是在北京作为中心，引领了新文化运动和"五四运动"。

提拔陈独秀是蔡元培"思想自由，兼容并包"的方针下的佳话。就这样，蔡元培的"兼容并包"思想，吸引了国内各路学术精英，使北大教师队伍中出现流派纷呈的局面，百家争鸣，盛极一时。

第三十一章

至圣之德广博如天

　　本章阐述的是"至圣"。首先讲圣人的内涵是"聪明睿智""宽裕温柔""发强刚毅""齐庄中正""文理密察"，说的是圣人的内在品德；其次，用源头奔腾流淌，用天浩瀚无垠，塑造圣人的智慧；最后极力形容圣人的影响，从种群，到地域，人们都会尊敬他、信任他、亲近他。

"抑扬顿挫"读原文

　　唯天下至圣为能聪明睿知①，足以有临也②；宽裕温柔③，足以有容也；发强刚毅④，足以有执也⑤；齐庄中正⑥，足以有敬也；文理密察⑦，足以有别也。溥博渊泉⑧，而时出之⑨。溥博如天，渊泉如渊。见而民莫不敬⑩，言而民莫不信，行而民莫不说⑪。是以声名洋溢乎中国，施及蛮貊⑫。舟车所至，人力所通，天之所覆，地之所载，日月所照，霜露所队⑬，凡有血气者莫不尊亲⑭，故曰配天。

"字斟句酌" 查注释

①聪明睿知：耳听敏锐叫"聪"，目视犀利叫"明"，思维敏捷叫"睿"，知识广博叫"智"。知：通"智"。

②临：居上临下。

③宽裕温柔：广大宽舒，温和柔顺。这里形容仁。

④发强刚毅：发奋强劲，刚健坚毅。这里形容义。

⑤执：决断。

⑥齐庄中正：整齐庄重，公平正直。这里形容礼。

⑦文理密察：文章条理，周详明辨。这里形容治。

⑧溥（pǔ）博：周遍广远。

⑨时出：随时发见于外。

⑩见：通"现"，出现。

⑪说：通"悦"。

⑫蛮貊（mò）：南蛮北貊，古代对边远少数民族的称呼。

⑬队：通"坠"。

⑭尊亲：尊敬亲爱。

"古文今解" 看译文

唯有天下最圣明的人才能做到聪明智慧，足以居上位统治天下；宽裕温柔，足以包容天下；精神勇健，刚强坚毅，足以操持决断国政；仪态端庄，秉心中正，足以敬业敬贤；文字条理缜密明察，足以辨别是非曲直。圣人之德广博深沉，而随时出现于外。广博得如同天空，深沉得如同潭水。每当有所表现，百姓没有不崇敬的；说话，百姓没有不信服的；行事，百姓没有不欣悦的。因此，他的声名洋溢于中原大地，传播到南蛮北狄等少数民族地区。凡是车船能到的地方，人力能通的地方，天所覆盖的地方，地所承载的地方，日月所照临的地方，霜露所降落的地方，凡是有血气的人，没有不尊崇他、不爱戴他的。所以说，圣人之德可以与天相配。

"诸子注说"解经义

郑玄："德不如此，不可以君天下也。盖伤孔子有其德而无其命。"

朱熹："溥博，周遍而广阔也。渊泉，静深而有本也。出，发见也。言五者之德，充积于中，而以时发见于外也。"

孔颖达："似天'无不覆帱'；润泽深厚，如川水之流。"

朱熹："言其充积极其盛，而发见当其可也。"

郑玄："如天取其运照不已也，如渊取其清深不测也。"

"以史为鉴"读案例

尧帝溥博如天

尧，又称"唐尧"，传说中父系氏族社会后期的部落联盟领袖。帝喾之子，祁姓，名放勋，原封于唐，故称"陶唐氏"。尧代帝挚为天子，都平阳。在万国争雄的乱世，他团结亲族，联合友邦，征讨四夷，统一了华夏诸族，被推举为部落万国联盟首领。主政期间，派神箭手大羿射日，派鲧治水，并且制定历法，推广农耕，整饬百官。晚年，尧把天子位禅让给舜。

尧的父亲帝喾去世后，即位的是长子挚。放勋被封为唐侯，他与当地百姓同甘共苦，政通人和，受到百姓爱戴，得到部族首领的认可。九年后，挚自认为能力不如弟弟放勋，就把帝位禅让给了他。

放勋即位，将帝号改为尧。因为尧最初被封于唐，故以"唐"为朝代号，后人也将尧称为"唐尧"。

尧所在时期天文历法还没有完善，百姓耕作无规律可循，因而时常耽误农时。尧首次制定了历法，使天下农业生产有章可循。他亲自组织人员总结前人经验，令羲、和两族掌管天文，根据日月星辰运行等天象和自然物候来推定时日，测定四季。

尧派羲仲在东海之滨的旸谷观察日出情况，以昼夜平分那天作为春分，参考鸟星的位置来校正；派羲叔在明都，观察太阳由北向南移动的情况，以白昼时间最长的那一天为夏至，并参考火星的位置来校正；派和仲在西方的昧谷，观察日落情况，以昼夜平分那天作为秋分，并参考虚星的位置来校正；派和叔在北方幽都，观察太阳由南向北移动的情况，以白昼时间最短的那一天为冬至，并参考昴星的位置来校正。

确定了春分、夏至、秋分、冬至后，尧决定以月亮的一个周期为一月，太阳的一周期为一年，一年有三百六十六天，每三年置一闰月，用闰月调整历法和四季的关系，确保每年农时准确。

尧时刻倾听百姓意见，在宫门口设立了一张"欲谏之鼓"，任何人都可以击打，尧听到鼓声后就会亲自接见。另外，尧还在交通要道设立了很多"谤木"，老百姓有什么意见，可以直接向看守"谤木"的人反映，如果想亲自去朝廷，看守"谤木"的人就会给予指引。

积累一定的施政经验后，尧开始政

治改革，其中一条就是按政务任命官员。此外，尧还考查官员的政绩，按照高低奖励和惩罚，使政务井然有序；同时注意协调部落之间的关系，教育百姓和睦相处。这样，天下安宁、祥和。

善卷重义轻利，不贪图富贵，是有名的贤人。尧觉得自己各方面都不如善卷，就用平民对待长者、学生对待老师的礼仪去拜访他，尧站在下面，善卷在主位，尧向其施礼请教。尧还想把天下让给善卷，善卷说："我独立在宇宙之中，冬天穿皮，夏天穿葛布，春季播种，秋天收割，有劳有逸，日出而作，日落而息，在天地之间逍遥自在，心满意足，我要天下做什么！"后来，善卷离开北方，到南方的一个溶洞里隐居去了。

后来，尧又想将天下禅让给许由。许由崇尚自然无为，不求名利，坚持自食其力，听说尧前来拜访，就离开住所躲起来了。过了一段时间，尧在一片宽阔的沼泽地里找到了许由，他向许由恭敬地行礼，并且劝他说："太阳出来了，火把还不熄灭，在照亮宇宙的太阳光下还要它放光，不是多余的吗？大雨下过了，还去浇园，不是徒劳吗？作为天子，我占着位子很不适宜，请允许我将天下托付给您，那么天下必然太平。"许由则对尧说："在你的治理下，天下已经太平，既然天下已经治理好了，还要我代替你做一个现成的天子，我为了名声吗？名声，是实际物质的从属，我对这个不感兴趣。鹪鹩即便在深林里筑巢，也不过占着一枝就够了；鼹鼠跑到黄河里喝水，也不过填满肚子就够了。你就回去吧！天子之位对我来说没有用处。"许由也对帝位没有兴趣。

尧在位，没有把帝位传给儿子丹朱，而是请手下大臣推荐。他们推荐了舜，说这个人很有孝行，能感化别人，使人们从善。尧决定考察一下他，然后再做决定。

经过三年的考察，尧决定将天下交给舜，自己退居二线。尧去世时，"百姓悲哀，如丧父母"。尧是治国平天下的楷模，也是伦理道德的榜样。

第三十二章

至诚之道浑厚如地

　　本章讲述"至圣"。至圣首先要做到至诚。本章阐述"大经"——五种人际关系;"大本"——性之全体,如仁等。这二者都需要高度至诚,只有圣人能做到。大经和大本都确立了,仁也笃实了,像水一样静深,像天一样广博,这样崇高的道德就无须依托任何东西。

"抑扬顿挫"读原文

　　唯天下至诚,为能经纶天下之大经①,立天下之大本②,知天地之化育。夫焉有所倚③?肫肫其仁④!渊渊其渊⑤!浩浩其天⑥!苟不固聪明圣知达天德者⑦,其孰能知之?

"字斟句酌"查注释

　　① 经纶:本意指整理丝缕,引申为经营筹划。大经:常道,如五伦。
　　② 大本:根本的德行,如仁、义、礼、智、信等。
　　③ 倚:依靠,凭借。

④ 肫肫（zhūn）：诚恳的样子。

⑤ 渊渊：静深的样子。

⑥ 浩浩：广大的样子。

⑦ 达天德者：通晓天赋美德的人。

"古文今解"看译文

　　唯有天下最诚的人，才能经营筹划天下共同的规范，确立天下人共同的基础，知晓天地的化育之功。他哪里有什么凭借呢？他以无比恳挚真诚的态度努力行仁！他以深潭般深沉的修养保持宁静！他以无比浩瀚的心思体察上天！假如不是确实聪明圣智通达天德的人，有谁能明白这个道理呢？

"诸子注说"解经义

　　郑玄："'至诚'，性至诚，谓孔子也。'大经'，谓六艺，而指《春秋》也。'大本'，《孝经》也。"

　　孔颖达："夫子无所偏倚，而仁德自然盛大也。倚，谓偏有所倚近，言夫子之德，普被于人，何有独倚近于一人，言不特有偏颇也。"

　　郑玄："安无所倚，言无所偏倚也。故人人自以被德尤厚，似偏颇者。"

　　孔颖达："能肫肫然恳诚行此仁厚尔。夫子之德，渊渊然若水之深也。夫子之德，浩浩盛大，其若如天也。"

　　朱熹："其渊其天，则非特如之而已。"

　　郑玄："唯圣人乃能知圣人也。《春秋传》曰'末不亦乐乎，尧舜之知君子'，明凡人不知。"

"以史为鉴" 读案例

唐太宗济世安民

李世民（599—649），祖籍陇西成纪（今甘肃天水秦安县），唐朝第二位皇帝，政治家、战略家、军事家、书法家、诗人。年少随父起兵反隋，唐朝建立后，领兵平定割据势力，为唐朝的建立与统一立下赫赫战功，拜天策上将，封秦王。武德九年（626），被册立为皇太子，同年即皇帝位，年号贞观。在位初期，听取群臣意见，虚心纳谏。对内文治天下，厉行节约，劝课农桑，实现休养生息、国泰民安，开创"贞观之治"。

唐太宗李世民名字的意思就是"济世安民"。从年少随父起兵屡立战功再到成为皇帝治理天下，唐太宗的所作所为都印证了其名字的意义。

即位后，唐太宗广开言路，虚心纳谏。有个著名的大臣魏征，他一人进谏的文件就有二百多件，文字达数十万。

贞观二年（628），魏征被授秘书监，参与朝政大事。这一年，长孙皇后听说一位姓郑的官员有一个才貌出众的女儿，年仅十六七岁，就请唐太宗把她纳入宫中。太宗便下诏将此女聘为妃子。

但是魏征听说这位女子之前已经许配给姓陆的人家，便进宫进谏说："陛

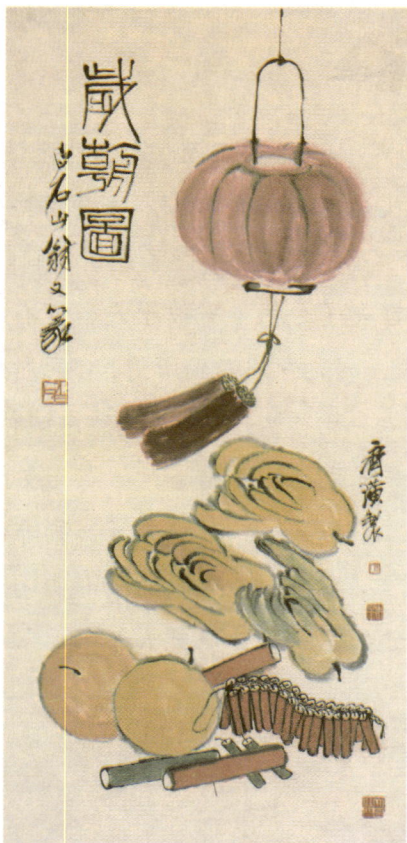

下为人父母，应该以百姓的忧愁为忧愁，以百姓的快乐为快乐。您居住在宫室台榭中，要想到百姓是否有房可以安身；吃着山珍海味，要想到百姓是否遭受饥饿；嫔妃满院，要想到百姓是否有室家之欢。现在郑家之女已经许给陆家，陛下您没有详细查问，就要将她纳入宫中，如果传出去了，能被视作为民父母的道理吗？"

唐太宗听后感到十分吃惊，当即收回成命，并深表内疚。但是其他大臣却认为郑氏许配的事情子虚乌有，坚持说诏令是有效的。陆家也派人递上奏章，声称两家之前有钱财来往，但并没有定亲。这令唐太宗半信半疑，又召魏征询问。魏征直言："陆家否认此事，是害怕陛下以后借此事降罪于他们。里面的缘故十分清楚，一点儿也不奇怪。"唐太宗恍然大悟，坚决收回了诏令。

魏征为人刚直，即便在唐太宗心情不好时也不退让，以至于唐太宗也会对他产生敬畏之心。

有一次，唐太宗想去秦岭打猎游乐，都准备好行装了，只待动身，但一直没有行动。后来，魏征问及此事，唐太宗笑着回答："确实想去的，但怕你又要劝我，所以就打消这个念头了。"

还有一次，唐太宗得到一只珍贵的鹞鹰，将它放在自己的肩膀上把玩，正得意呢，忽然看见魏征远远地向他走来，就赶紧把鸟藏在怀里。魏征前来奏事，一直说个不停，等他走了后，唐太宗把鹞鹰拿出来一看，鸟早就死了。

唐太宗在位期间，经济发展，社会有序，人民富裕安康，一片繁荣景象。"贞观之治"成为我国历史上著名的盛世。

第三十三章

中庸的最高境界

本章是最后一章，从之前的圣人之道回归到君子之道上来。君子和小人不同。君子之道初始很低调，在积累中累积光辉。小人之道开始就张扬，但华丽外表下没有内涵，会逐渐消亡。君子道德高尚，不用赏赐，不用刑罚，民众自然会努力。道德之国，守住德行，天下太平。圣人的境界犹如和风细雨，沁人心脾，使人在潜移默化中受到感化。

"抑扬顿挫"读原文

《诗》曰①："衣锦尚䌹②。"恶其文之著也③。故君子之道，暗然而日章④；小人之道，的然而日亡⑤。君子之道，淡而不厌，简而文，温而理，知远之近，知风之自，知微之显，可与入德矣。

"字斟句酌"查注释

①《诗》曰：《诗经·卫风·硕人》中说。

②衣（yì）：动词，穿衣。锦：色彩鲜艳的衣服。尚：加。绚（jiǒng）：用麻布制的罩衣。

③恶（wù）：厌恶，嫌恶。著：鲜明，耀眼。

④暗然：隐藏不露。日章：日渐彰显。章，通"彰"。

⑤的（dì）然：鲜明、显著的样子。

"古文今解"看译文

《诗经·卫风·硕人》中说："身穿华服，崇尚罩麻衣。"这是厌恶华服的花纹过于明显。所以，君子之道表面暗淡，但是却日益彰明；小人之道表面光鲜，反而日渐消亡。君子之道，清淡而令人不厌，淳朴而有文采，温和而有条理，知道由远及近的，知道风气来自何处，知道隐微会趋向明显，这样，就可进入品德高尚的境界。

"诸子注说"解经义

郑玄："君子深远难知，小人浅近易知。人所以不知孔子，以其深远。禅为绚，锦衣之美而君子以绚表之，为其文章露见，似小人也。"

郑玄："淡，其味似薄也。简而文、温而理，犹简而辨、直而温也。"

孔颖达："以前经论夫子之德难知，故此经因明君子、小人隐显不同之事。此《诗·卫风·硕人》之篇，美庄姜之诗。""记人欲明君子谦退，恶其文之彰著，故引《诗》以结之。"

"以史为鉴"读案例

不以穿衣取人

范缜（约450—515），字子真，南乡舞阴（今河南泌阳西北）人。

南北朝时期著名的唯物主义思想家、哲学家、政治家、文学家、杰出的无神论者。出身于顺阳范氏，幼年丧父，待母至孝，弱冠前拜名师求学。入南齐后出仕，历任宁蛮主簿、尚书殿中郎、领军长史，宜都太守。萧衍建立南梁后，任晋安太守、尚书左丞，后被流放广州，终官中书郎、国子博士。

范缜少年时拜师于沛国名儒刘瓛，由于他刻苦学习，学业优异，博通经术，受到了刘瓛的器重。范缜二十岁时，刘瓛亲自为他举行冠礼。当时刘瓛的门生颇多，大多是出身权贵豪门的士官子弟，他们"车马锦裘，宴乐歌舞"，是一群奢靡的公子哥。相反，范缜身着布衣草鞋，安步当车，泰然处之，一点儿不因为自己的贫穷而感到自卑。在那个以衣取人的时代，地位显赫的人必身着华丽服饰以彰显自己的地位，而范缜朴素自然，落落大方，体现了内心的坦诚与修养。

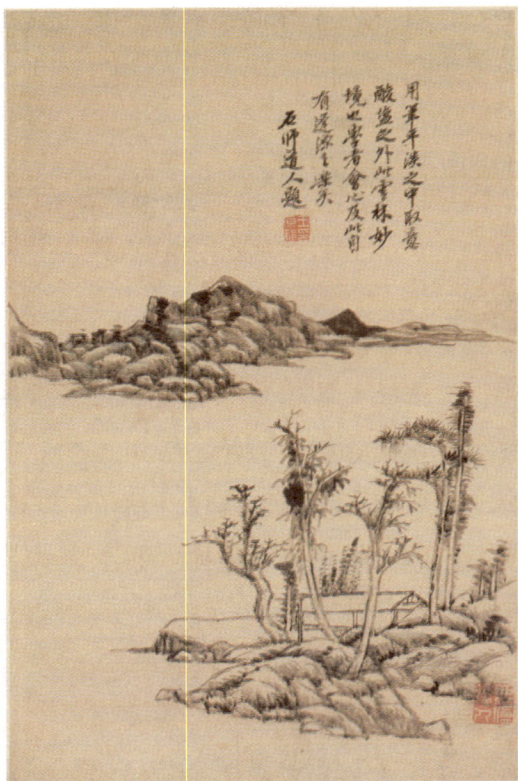

"抑扬顿挫" 读原文

《诗》云①："潜虽伏矣，亦孔之昭②！"故君子内省不疚③，无恶于志④。君子之所不可及者，其唯人之所不见乎！

"字斟句酌" 查注释

①《诗》云：《诗经·小雅·正月》中说。

②孔：很。昭：明白。

③内省（xǐng）不疚：内心经常反省，没有什么愧疚。

④无恶于志：无愧于心。志，心。

"古文今解" 看译文

《诗经·小雅·正月》中说："虽然深入水底潜伏，但也被看得清清楚楚。"所以君子反省自己没有不安，也就无愧于心了。君子之所以卓尔不群，大概就在这种别人看不见的地方吧！

"诸子注说" 解经义

郑玄："圣人虽隐居，其德亦甚明矣。君子自省，身无愆病，虽不遇世，亦无损害于己志。"

孔颖达："君子其身虽隐，其德昭著。贤人君子身虽藏隐，犹如鱼伏于水，其道德亦甚彰矣。君子虽不遇世，内自省身，不有愆病，则亦不损害于己志。言守志弥坚固也。"

朱熹："无恶于志，犹言无愧于心，此君子谨独之事也。"

"以史为鉴" 读案例

宽容胸怀处事

王旦（957—1017），字子明，北宋初年大名府莘县（今属山东聊城莘县）人。太平兴国五年（980），登进士第，以著作郎预编《文苑英华》，累官同知枢密院事、参知政事。澶渊之战时，权任东京留守事。景德三年（1006）拜相，并监修《两朝国史》。善于知人，多荐用厚重之士，力劝真宗行祖宗之法，慎做改变。晚年屡请逊位，最终因病罢相，以太尉掌领玉清昭应宫使。天禧元年（1017）去世，获赠太师、尚书令兼中书令、魏国公，谥号"文正"。

任何行为都不能够违背君子之道，始终以正道约束自己的行为，不做违心的事情，不存损德之念，内讼不疚。而王旦就是这样的君子。

王旦担任司空中书时，因为送给枢密院的文件格式不符合规范，被寇准禀报给宋真宗。宋真宗严厉地斥责了王旦，并责令他给寇准道歉。后来，枢密院送到中书省的文件也存在格式错误，值班官吏觉得这下终于找到机会报复枢密院了，就迫不及待地把文件呈送给王旦。王旦却批示将文件退还给枢密院，让其修改后再发过来，并没有直接上报朝廷。寇准深感惭愧，内心感激王旦的大度。

王旦心胸宽广，不睚眦必报，赢得了众人的敬重。

"抑扬顿挫"读原文

《诗》云①："相在尔室②，尚不愧于屋漏③。"故君子不动而敬，不言而信。

"字斟句酌"查注释

①《诗》云：《诗经·大雅·抑》中说。

②相：注视。尔室：你的居室，此处指一人独居室内。

③不愧于屋漏：心里光明，不暗中作恶，起坏念头。屋漏，指室内西北角，此处阴暗，多设天窗采光，故称"屋漏"。

"古文今解"看译文

《诗经·大雅·抑》中说："看你独处室中的时候，在阴暗的角落还可无愧于神明。"所以，君子未曾做什么就得到人们的崇敬，未曾说话就得到人们的信任。

"诸子注说"解经义

郑玄："君子虽隐居，不失其君子之容德也。视女在室独居者，犹不愧于屋漏。"

朱熹："君子之戒谨恐惧，无时不然，不待言动而后敬信，则其为已之功益加密矣。"

"以史为鉴"读案例

大禹治水安天下

禹（生卒年不详），姒姓，夏后氏，名文命，上古时期夏后氏首领、夏朝开国君王，史称"大禹""帝禹""神禹"。黄帝的玄孙、颛顼的后代，鲧的儿子。相传，禹治理洪水有功，接受舜的禅让，继承部落首领。作为夏朝的第一位君王，他被后人称为"夏禹"，成为上古传说时代与伏羲、黄帝比肩的贤圣帝王。

上古时期，尧在位时，爆发了大洪水，天地之间一片汪洋，百姓深受其苦。尧命令禹的父亲鲧去治理洪水。鲧采取堵漏的方法，率领民众修建水坝，费了九年功夫，也没有治好。后来鲧被处死。

禹接替了父亲，继续治理洪水。他复盘了父亲鲧治水失败的原因，决定改革治水方法，变堵截为疏导，他带领治水的民众，拿着工具，从西向东，一路测量地形，树立标杆，规划水道；然后再根据标杆修建水道。遇到高山阻拦，就靠人力把山凿开一条通路；遇到低洼的地方，就修筑起堤坝供

人行走，这样就让滔滔江水流入江河湖泊，然后一路引向东边，流入大海。

禹为了治水，费尽周折，不怕苦累，一刻也不停歇。到三十岁了，他仍没有成家。直到有一天，大禹率领治水大军路过涂山，遇到了美丽贤淑的涂山氏，才娶了妻子。但是他娶了涂山氏仅仅四天后，就又离开了家，踏上治水的道路。

后来，他路过自己家门口，正赶上妻子生产，他很想进去抱一抱自己的儿子，看一看妻子，在家好好休息一下，但最终还是咬着牙没有进家门，转身继续治水。直到第三次路过家门的时候，他的儿子启正在母亲怀抱里，母亲已经教会了孩子喊"父亲"，孩子在母亲的授意下挥着小手，和禹打招呼，禹心中感动，热泪盈眶，但也只是向母子挥了挥手，表示自己看到他们了，但还是没有回家。大禹治水"三过家门而不入"，成为千古流传的故事。

经过十三年的努力，他们终于治水成功。洪水退去后，一块块平原显露出来，禹又带领百姓在田间修建一条条沟渠，引水灌溉，种植粟、黍、豆、麻等农作物，还让人们在地势低洼潮湿的地方种植水稻。从此，农业生产也取得成就。

"抑扬顿挫" 读原文

《诗》曰①："奏假无言②，时靡有争③。"是故君子不赏而民劝，不怒而民威于鈇钺④。

"字斟句酌" 查注释

①《诗》曰：《诗经·商颂·烈祖》中说。

②奏假（gé）无言：在心中默默祈祷。奏，进奉。假，通"格"，即感通，

指诚心能与鬼神或外物互相感应。无言，没有说话。

③靡：没有。

④铁钺（fū yuè）：古代执行军法时用的斧子。

"古文今解" 看译文

《诗经·商颂·烈祖》中说："进迎神时心中默默祈祷，此刻大家没有争执。"所以，君子不须赏赐而百姓就可以相互劝勉，不必发怒而百姓害怕甚于斧钺的刑罚。

"诸子注说" 解经义

郑玄："奏大乐于宗庙之中，人皆肃敬。金声玉色，无有言者，以时太平和合，无所争也。"

孔颖达："祭成汤之时，奏此大乐于宗庙之中，人皆肃敬，无有喧哗之言。所以然者，时既太平，无有争讼之事，故'无言'也。引证君子不言而民信。"

朱熹："承上文而遂及其效，言进而感格于神明之际，极其诚敬，无有言说而人自化之也。"

"以史为鉴" 读案例

心系天下忧乐

薛广德（生卒年不详），字长卿，沛郡相（今安徽淮北濉溪县西北）人，是被汉高祖刘邦封为千户侯的薛鉴的第五代子孙，西汉经学家。曾任博士、谏大夫、谏议大夫、淮阳太守、长信少府等职。后来又继贡禹之后任御史大夫，位及三公。

薛广德在朝中为政的最大特点就是直言进谏，有时甚至不给皇帝情面。薛广德曾上书数十次。他上书言事首先援引古事，然后征引典籍。他的很多建议得到了汉元帝的采纳。一次，皇上驾幸甘泉，祭祀天地。礼仪完毕后，汉元帝不想立刻回宫，想暂时住在这里，射猎游乐。薛广德于是上书说："我看到关东百姓颠沛流离，生计无着。陛下却每天敲击着亡秦的钟鼓，听着郑、卫的靡靡之音，而不以百姓的疾苦为意，这令臣感到十分痛心。现在士卒暴虐，官吏不务政事，希望陛下您能赶快回宫，与百姓同忧乐，这才是天下人的幸运。"汉元帝接受了薛广德的意见，当即赶回了宫内。

"抑扬顿挫" 读原文

《诗》曰①："不显惟德②，百辟其刑之③。"是故君子笃恭而天下平。

"字斟句酌" 查注释

①《诗》曰：《诗经·周颂·烈文》中说。
②不显：大显。不，通"丕"，大。
③百辟（bì）：诸侯，百官。刑：通"型"，仿效。

"古文今解" 看译文

《诗经·周颂·烈文》中说："大大显扬天子的德行，诸侯都要以之为榜样。"所以，君子踏实恭敬就能天下太平。

"诸子注说"解经义

郑玄："不显乎文王之德，百君尽刑之，诸侯法之也。"

孔颖达："以道德显著，故天下百辟诸侯皆刑法之。引之者，证君子之德犹若文王，其德显明在外，明众人皆刑法之。"

朱熹："天子有不显之德，而诸侯法之，则其德愈深而效愈远矣。笃，厚也。笃恭，言不显其敬也。笃恭而天下平，乃圣人至德渊微，自然之应，中庸之极功也。"

"以史为鉴"读案例

齐威王一飞冲天

齐威王（前378—前320），妫姓，田氏，名因齐，战国时期田氏齐国国君。善于纳谏用能，励志图强。在位时期，针对卿大夫专权、国力不强之弊，任用邹忌为相，田忌为将，孙膑为军师，进行政治改革，修明法制，选贤任能，赏罚分明，国力日强。经桂陵、马陵两役，大败魏军，开始称雄于诸侯。

事实上，齐威王刚即位时，齐国已经非常衰弱了。齐威王即位初期也不理朝政，整天饮酒享乐，把国家大事都推给了公卿大夫。文武百官也都荒于政事，以至于晋、鲁、韩、赵等国纷纷侵占齐国土地。如此内忧外患，齐国面临着亡国危险。

齐国有个叫淳于髡的人，他身高不足七尺，相貌丑陋，为人滑稽，擅长说谜语，而恰好齐威王喜欢猜谜语。有一天，淳于髡见到了齐威王，便对他说："大王，我有一个谜语想请您猜一猜。"齐威王一听有谜语要猜，非常高兴，连忙说道："好啊，好啊！你快说吧！"淳于髡慢慢说道："齐国有只大鸟，住在大王的宫殿中，已经整整三年了，它既不振翅高飞，也不鸣叫，大王您说它是只什么鸟呢？"齐威王很聪明，他一听淳于髡的话就知道是在劝谏自己。他沉吟了一会儿，便毅然决定要改过自新。他对淳于髡说："别看这只鸟三年不飞，一飞就能冲天；别瞧这只鸟三年不鸣，一鸣就能惊人！"淳于髡听后，立即明白了齐威王的意思，便笑着说："多谢大王英明的指点。如今大臣们正等着大鸟一飞冲天，一鸣惊人呢。"

从此，齐威王不再沉迷于寻欢作乐，而是开始整顿国政。齐威王首先向群臣询问地方官的政绩，结果左右都说阿大夫是最好的，即墨大夫是最差的。然而齐威王没有听信他们的话，决定亲自拜访老百姓，了解真实情况。结果齐威王从百姓口中得到的结论和大臣们说的截然相反。即墨大夫勤理政务，他管辖的即墨地区田野肥沃，庄稼茂盛，百姓生活富足，一片安宁景象。而阿大夫管理的阿地田野荒芜，百姓贫苦，仓库空虚。齐威王很疑惑，为什么在朝堂上听到的和事实完全相反？为什么群臣颠倒黑白？齐威王继续了解，原来即墨大夫为人正直，一心为民，不善于结交朝廷近臣，所以大家都说即墨大夫不好。阿大夫喜欢和朝堂上的官员结交，还经常贿赂他们，因此，官员们都称赞阿大夫。

齐威王了解清楚实情后，就把各地官吏召集起来，当着众人的面斥责了阿大夫，并下令杀之，而对刚正不阿的即墨大夫重赏。

从此以后，群臣再也没有人敢收受贿赂，替人遮掩过失了，上报情况时也都实话实说。齐国面貌焕然一新，国家也逐渐强盛起来。

齐威王广纳人才，把人才视为珍宝。史书上记载，齐威王二十四年（前333），齐威王与魏王一起打猎，魏王问他："您有什么特别的宝贝吗？"齐威王说没有。魏王吃惊之后不禁又得意地说："我们魏国这样的小国家，也有十颗一寸大的夜明珠，能够在晚上照耀十二辆兵车呢，齐国这么强大，怎么会没有珍宝呢？"齐威王就说："我眼里的珍宝和你眼里的珍宝不一样。我有个大臣叫檀子，为我守卫南城，于是南面的楚国不敢进犯，泗水边上的十二国诸侯都来朝见。我有个大臣叫盼子，为我守卫高唐，于是赵国人都不敢到边境的河里来打鱼。我有个官员叫黔夫，为我守卫徐州，于是燕国人在北门祭祀，赵国人在西门祭祀，有七千多户人家为跟随他而迁徙。我有个官员叫种首，为我防备盗贼，于是齐国的大道上没有人去捡拾别人遗落的财物。这些人为我照耀千里土地，区区十二辆兵车算什么啊！"魏王听后十分惭愧。

正因为看到了人才的价值，齐威王才能不拘一格招贤纳士。他用人不问出身，即便是寒士，也委以重任。比如惨遭迫害的孙膑，是被追杀的囚犯，而齐威王封他做大将军，是孙膑自己谢绝了，甘愿辅佐田忌。再如相貌丑陋的淳于髡，因为"博闻强记"，滑稽善辩，受到赏识和重用。又如平民出身的邹忌，他毛遂自荐，鼓琴论政，得到齐威王重用，三个月拜相，一年封侯。

齐威王曾下令：不论朝廷大臣、地方官吏还是普通百姓，凡是能当面提出我的过失的，受上等赏赐；用书面指出我的过失的，受中等赏赐；在人群中议论我的过失，传到我耳朵里的，受下等赏赐。命令刚下达的时候，来到齐威王面前的人络绎不绝；一个月之后，偶尔会来个人说点儿什么；一年之后，各种弊端都得到改善，人们即便想去提意见，也没什么可说的了。

齐威王励精图治，让齐国日渐强盛，雄霸天下。

"抑扬顿挫"读原文

《诗》云①："予怀明德②，不大声以色。"子曰："声色之于以化民③，末也。"

"字斟句酌"查注释

①《诗》云：《诗经·大雅·皇矣》中说。
②怀：归向，趋向。明德：有美德的人。
③以：与。色：严厉的脸色。

"古文今解"看译文

《诗经·大雅·皇矣》中说："我怀念文王的美德，他从不声色俱厉、疾言厉色。"孔子说："将厉声厉色用于教化百姓，那是最下策。"

"诸子注说"解经义

郑玄："我归有明德者，以其不大声为严厉之色以威我也。"

孔颖达："天谓文王曰，我归就尔之明德，所以归之者，以文王不大作音声以为严厉之色，故归之。记者引之，证君子亦不作大音声以为严厉之色，与文王同也。"

朱熹："引之以明上文所谓不显之德者，正以其不大声与色也。又引孔子之言，以为声色乃化民之末务，今但言不大之而已，则犹有声色者存，是未足以形容不显之妙。"

"以史为鉴"读案例

周访贵在有德

周访（260—320），字士达，祖籍汝南郡安城县（今河南洛阳汝南县），后移居庐江郡浔阳县（今江西九江），晋朝名将。出身寒族，为人沉毅、谦让，有好施之名。初任浔阳功曹，后被察举为孝廉。琅玡王司马睿升为镇东大将军后，征辟周访为僚佐。其后屡次领兵，讨平江州刺史华轶及荆州杜曾叛乱，又协助平定杜弢的流民叛乱，为司马氏政权立足南方做出了杰出贡献。累官至安南将军、梁州刺史，封浔阳县侯。

周访性格刚毅，沉稳谦让，处事果断。与陶侃结为好友，成为姻亲。二人遇到庐江陈训，陈训对二人说："二位君子都是国家栋梁。"

据说，周访为人豪爽，喜欢周济贫穷，因而家中没有积累财产。当初，陶侃处境艰难，其父过世，即将下葬时，家里的耕牛还丢了。陶侃找牛时，遇到一位长者，长者说："前面山冈下有一头牛卧在污泥中，如果在此安葬立墓，那么后世将出高官。"又指着另一座山说："这也是一块风水宝

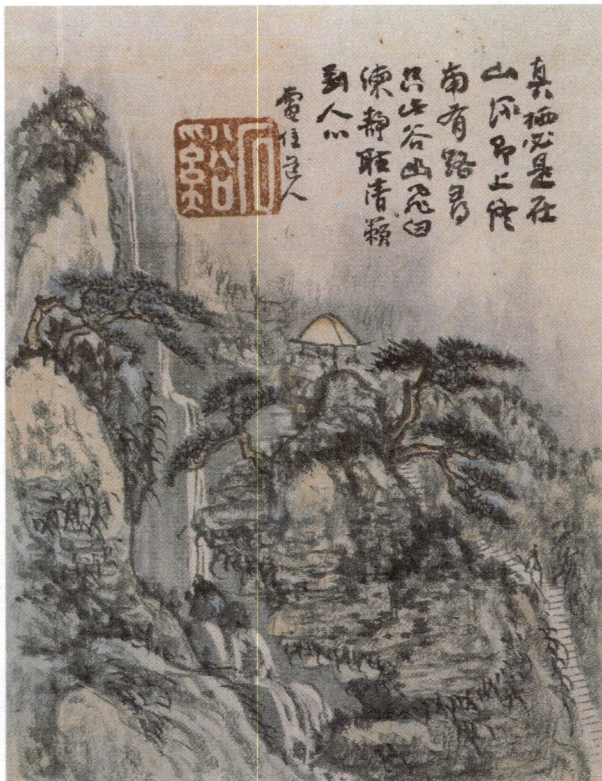

地。"陶侃找到牛后，就把父亲安葬在此处，并把另一处山告诉周访。周访父亲去世后，就埋葬在那里。后来，周访官至刺史。

晋元帝渡江，周访官至扬烈将军。由于他能征善战，智勇过人，打出威名，攻无不克，累官扬州刺史。但是，他生性谦虚，从不居功自傲，也不夸耀自己。有人问周访："有些人只要做出了一点儿成绩，就会和别人夸耀。您为国家建立那么大的功勋，为什么从来不见您对别人说过一个字呢？"周访说："幸而不辱王命，取得一些胜利，那也是朝廷的天威、皇上的英明、将士奋勇作战的结果，我有什么功劳可谈啊？"因此，他受到了更多人的尊重。

"抑扬顿挫"读原文

《诗》曰①："德辖如毛②。"毛犹有伦③。"上天之载，无声无臭④。"至矣！

"字斟句酌"查注释

①《诗》曰：《诗经·大雅·烝民》中说。
②辖（yóu）：轻。
③伦：类，可比拟，有形象。
④上天之载，无声无臭（xiù）：出自《诗经·大雅·文王》。臭，气味。

"古文今解"看译文

《诗经·大雅·烝民》中说："德行轻如毛发。"然而毛发毕竟是具体的物体，不足以用来形容玄妙的大德。《诗经·大雅·文王》中说："上天化生万物，没有声音也没有气味。"这才是最高的境界啊！

"诸子注说" 解经义

郑玄："化民常以德，德之易举而用，其轻如毛耳。毛虽轻，尚有所比，有所比，则有重。上天之造生万物，人无闻其声音，亦无知其臭气者。化民之德，清明如神，渊渊浩浩然后善。"

孔颖达："用德化民，举行甚易，其轻如毛也。天之生物无音声无臭气，寂然无象而物自生。言圣人用德化民，亦无音声，亦无臭气而人自化。是圣人之德至极，与天地同。"

"以史为鉴" 读案例

陆贾以和为贵

陆贾（约前240—前170），楚国人，西汉思想家、政治家、外交家。早年追随刘邦，因能言善辩常出使诸侯。汉高祖和汉文帝时，两次出使南越，说服赵佗臣服汉朝，对安定汉初局势做出极大的贡献。吕后时，说服陈平、周勃等同力诛吕，确保汉朝江山稳固。著有《新语》等。

汉孝惠帝时期，吕后权倾朝野，只手遮天。陆贾洞悉政治形势，称病辞职，居家休养，躲避灾祸。

吕后集团嚣张跋扈，妄图篡位夺取政权。右丞相陈平对此深感忧虑，但是自身力量有限，只能先图自保，再谋良策。

一天，陆贾以好友的身份前去拜访陈平。陈平自顾自地思索，竟然没发现陆贾已经走到了他身边。

陆贾询问："什么事让您如此忧虑深重呢？"

陈平反问道："您觉得我会有什么忧虑呢？"

陆贾说："您位居右丞相高位，是食邑三万户的列侯，荣华富贵无

人可及，自然不会是因为地位得不到满足而心生烦扰。您之所以忧愁难解，恐怕只是担心国家出现重大变故吧。"

陈平说："正是这样。那么，您觉得该怎么办呢？"

陆贾说："古话说，天下安定，重在丞相；天下动乱，重在将军。将相契合，那么天下有才能的人就会归附，天下有德的能人归附了，这就体现出人心所向。那么，即便有意外的事情发生，国家也不致动乱。因此，为了国家的长治久安，这就取决于您和周勃两人了。您为什么心怀忧虑，却不和太尉交好呢？"

陆贾为陈平出谋划策，于是，陈平就按照他的计策，以五百金重礼为周勃祝寿。而太尉周勃也以同样隆重的礼节回报陈平。从此，陈平、周勃二人建立起亲密的关系。吕后集团篡权的阴谋也受到了阻滞，从而使历史沿着安定的方向发展。